# 공부의 재발견

**공부의 재발견**
**공부 잘하는 사람은 어떻게 만들어지는가**

2025년 5월 7일 초판 1쇄 인쇄
2025년 5월 20일 초판 1쇄 펴냄

지은이          박주용

책임편집        조자양
단행본사업본부    엄귀영 윤다혜 이희원 김남윤
편집위원        최연희
경영지원본부     나연희 주광근 오민정 정민희 김수아 김승현
마케팅본부      윤영채 정하연 안은지 박찬수
디자인          이수경(표지) 이수경·위앤드(본문)
인쇄            영신사

펴낸이          윤철호
펴낸곳          (주)사회평론
등록번호        10-876호(1993년 10월 6일)
전화            02-326-1182
주소            서울시 마포구 월드컵북로6길 56 사평빌딩
이메일          editor@sapyoung.com

ISBN 979-11-6273-333-2 03100

이 저서는 2021년 서울대학교 기초학문 저술지원사업 지원 연구비에 의해 수행되었습니다.

# 공부의
# 재발견

공부 잘하는 사람은
어떻게
만들어지는가

박주용

사회평론

인지심리학 교수로 4년 반, 교육학과 교수로 10년을 보낸 다음, 다시 심리학과로 돌아온 지 15년째입니다. 이런 특이한 이력에는 우여곡절이 있었지만, 적어도 연구자로서는 행운이었다고 고백하지 않을 수 없습니다. 실험심리학에 기반을 둔 학습과학자로서 실험 결과와 교육 현장 연구를 통합할 수 있었기 때문이죠.

그간의 연구 결과를 이전 저서 『문제해결』, 『생각 중심 교육』, 『생각은 어떻게 글이 되는가』를 통해 소개했다면, 지금은 이들을 다양한 교육 장면에 확산하는 일을 소명으로 여기며 연구하고 있습니다. 그 과정을 이 책에 담았습니다. 단순하지만 기발한 실험을 통해 효과가 확인된, 적용 범위가 넓고 실용적인 공부법과 수업 방안을 다루었습니다.

제가 지금까지 책을 써온 이유 중 하나는 학습과학의 최근 성과를 소개하며 우리 교육을 바꾸는 논의를 활성화하기 위해서였습니다. 그런데 교육의 변화를 촉구하는 일은 생각보다 쉽지 않았습니다.

　　우리 교육의 현실은 "애는 애대로 쓰는데도 남는 게 없다"라는 말로 요약할 수 있습니다. 2019년 한국청소년정책연구원에 따르면, 중학생은 OECD 평균보다 1시간 덜 자고 고등학생은 2시간 이상 덜 잔다고 합니다. 또 한국 질병관리청에 따르면, 146개국 학생 기반 조사 분석 결과 2016년 기준 한국 청소년의 신체활동 부족률은 94.2%로 조사 대상국 중 가장 높았습니다. 이렇게 운동도 못 하고 잠도 못 자며 공부한 덕인지 만 15세를 대상으로 하는 국제 학업 성취도 검사에서는 한국 학생들이 계속해서 상위권을 유지합니다.

　　그런데 이 학생들이 자라 30세가 넘었을 때, 국제 성인 문해력 검사를 실시했더니 OECD 평균에도 미치지 못하는 점수를 받았습니다. 누구나 더 나은 삶을 꿈꾸며 공부합니다. 그러나 정작 일상생활에서 정보를 습득하고 처리하며 표현하는 능력이 낮다면, 지금껏 해온 공부가 무슨 의미가 있을까요?

　　더욱 안타까운 것은 우리 삶에 여유가 없다는 겁니다. 한국인의 평균 노동 시간은 2021년 기준 연간 1,915시간으로,

OECD 국가 중 네 번째로 많습니다. 주당 3.8시간씩 줄여야 겨우 OECD 평균이 됩니다. 건강까지 포기하며 더 공부하지만, 정작 성인이 되어도 양질의 삶과는 거리가 먼 삶을 살게 되는 겁니다.

압력밥솥에 비유할 수 있을 만큼 극심한 경쟁의 장에서 평생을 노력하며 살아가야 하는 청소년들을 위해 할 수 있는 일이 무엇일까요? 저는 변화의 초점을 교육에서 공부로 바꾸어보았습니다. 가르치는 사람이 아니라 공부하는 사람들이 주도적으로 바람직한 배움과 사고를 이어나갈 수 있게 말이죠.

그래서 저는 이 책을 통해 교육과 공부를 구분하고, 제대로 공부하는 법을 알리고자 합니다. ChatGPT의 등장으로 원하는 정보를 언제 어디서나 쉽게 얻을 수 있는데도 여전히 암기에 치중하는 교육으로는 발전할 수 없습니다. 지금은 잘못된 정보를 비판하는 능력, 주어진 정보를 실생활에 적용하는 능력, 전에 없었던 새로운 생각을 만들어내는 능력이 필요합니다. 이런 능력을 키우는 공부를 시작해야 과도한 경쟁으로 병든 우리 교육도 치료할 수 있을 거라고 생각합니다.

내용과 구성을 여러 번 바꾸면서 생각보다 오래 걸렸지만, 많은 분들의 격려와 도움으로 이 책을 펴낼 수 있었습니다. 초고를 읽고 이런저런 문제를 지적해준 김경미, 김송의, 박정애, 박정연, 송민해 박사님들, 대학원생인 김휘민, 권선린, 장현명 님께 감사드립니다. 사회평론 윤철호 사장님의 관심, 조자양 편집자님의 꼼꼼한 수정과 여러 제안으로 책의 구성과 내용을 더 짜임새 있게 만들 수 있었기에 감사의 마음을 전합니다. 끝으로 가장 예리한 비판과 함께 가장 많은 격려를 해준 아내 유희균 님과 책 내용은 물론 제목에 대해 여러 아이디어를 제시해준 두 아들 인우와 준우에게, 감사와 사랑을 담아 이 책을 바칩니다.

2025년 5월
박주용

# 목차

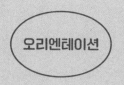

오리엔테이션

# 공부를 잘하고 싶습니까?

공부법 특강을 신청하신 여러분, 환영합니다. 저는 인지심리학자입니다. 심리학은 인간의 마음과 행동을 과학적으로 분석하고 예측하여 변화를 이끌어내는 학문입니다. 그중에서도 인지심리학은 정보를 습득하고, 저장하고, 활용하는 과정을 탐구합니다. 저는 30년 동안 인지심리학을 연구하며 효과적인 수업 방식을 고안하고, 학생들을 가르쳤습니다. 절반이 넘는 시간 동안은 서울대학교 강단에서 수많은 대학(원)생들의 성장을 지켜봐왔죠. 오랜 시간 쌓아온 공부에 대한 이야기를 이 자리에서 나누고자 합니다.

# 제대로 시작하는 새로운 공부

간단한 이야기로 출발해보겠습니다. 두 친구가 숲을 걷다가 곰을 만났습니다. 한 친구는 재빨리 신발 끈을 묶기 시작했죠. 다른 친구가 "넌 곰보다 빨리 달릴 수 없어!"라고 말하자, 신발 끈을 다 묶은 친구가 이렇게 대꾸했답니다. "맞아, 하지만 너보다는 빨리 달릴 수 있어." 친구보다 빨리 달려서 눈앞의 위기를 모면하겠다는 생존 전략이 좀 씁쓸합니다. 과도하게 경쟁적인 현실에 대한 풍자 같기도 하죠.

교육에서 과도한 경쟁은 소수의 승자와 다수의 패자를 만들며 학생들이 심리적 압박감에 시달리게 합니다. 저는 가끔 제가 가르치는 학생에게 고등학교로 되돌아갈 수 있다면 돌아가겠냐고 물어봅니다. 대부분의 학생들은 이 지난한 입시의 과정을 다시 겪기 싫다고 하더군요. 취업을 위해 공부하는 사람들도 크게 다르지 않으리라 생각합니다.

끝없는 경쟁에 지쳐 공부를 멀리하려는 사람들이 많습니다. 공부를 통해 얻을 수 있는 지적 즐거움과 삶의 지혜를 뒤로 하고요. 그럼에도 이 강의를 선택했다는 것은 여러분이 입시나 취업을 넘어서는 공부를 하고 싶기 때문이라고 짐작해봅니다. 그런 여러분과 함께 새로운 공부를 시작하려 합니다.

고등학교까지는 국가에서 제공하는 교육과정에 맞게 정해진 내용만을 배웁니다. 그러나 대학교부터는 다릅니다. 수업 일정과 강의를 자율적으로 선택하죠. 하나의 주제를 바탕으로 탐구를 수행해 결과물을 만들고, 때로는 한 학기 동안 팀원들과 협업해 더 큰 프로젝트를 수행하기도 합니다. 어떤 강의를 선택했는지, 어떤 태도로 어떻게 공부하는지에 따라서 성과는 천차만별이죠. 성인의 공부는 청소년의 공부와 다릅니다. 지금껏 시험 문제를 잘 풀어 좋은 성적을 받는 것이 목표였다면, 이제 스스로 분야를 선택해 문제를 발견하고 직접 해결하는 것을 목표로 삼아야 합니다.

그래서 이 특강에서는 시험을 위한 공부를 넘어 삶의 가능성을 넓히는 공부를 다룹니다. 시험 날짜에 쫓기는 대신, 자신의 일정과 계획에 따라 차근차근 해나가는 공부죠. 경쟁에서 이기기 위해서가 아니라 자신만의 삶을 개척하고, 타인과 연대하며 사회가 당면한 문제를 해결하기 위해 씨름하는 공부입니다. 암기에 몰두하느라 학교에서 제대로 배우지 못했던 깊게 읽는 기술, 다양한 질문을 던지는 기술, 자신의 생각을 언어로 표현하는 과정을 다룰 겁니다.

# 무엇을 위해 공부하는가

우리가 사는 세상은 그리 단순하지 않습니다. 최저임금 인상률보다 물가 상승률이 더 크고, 해마다 여름은 더 뜨거워지며, 어떤 나라에서는 전쟁의 공포가 일상입니다. 우리나라도 예외는 아니죠. 건강, 육아, 자기 계발 등 개인적인 문제부터 환경이나 에너지, 인구, 안보 같은 사회적 문제까지 세상의 다양한 문제는 단순히 정보의 '존재'만으로 해결되지 않습니다. 더군다나 아직 확실하게 밝혀지지 않은 영역을 탐구하거나 전에 없던 새로운 것들을 개발하려면 정보를 '활용'해야 합니다. 여기서 우리는 공부의 본질을 발견할 수 있습니다.

공부는 배우는 과정을 통해 지식을 습득하고, 생각하는 과정을 통해 지식을 활용하는 총체적인 활동입니다. 이 활동의 궁극적인 목적은 문제해결입니다. 여기서 문제라는 것은 삶을 영위하기 위해 수행해야 하는 모든 활동을 가리킵니다. 단순한 호기심에서 시작해 텍스트에 대한 이해, 의식주 해결 방안, 심지어 정체성을 포함한 실존적 고민까지 삶의 다양한 영역에서 우리는 해결해야 할 문제를 맞닥뜨립니다. 새로운 문제에 직면할 때마다 알고 있는 모든 것을 동원해 가능한 한 최선의 선택을 해야 합니다. 기존 지식과 기술의 문제점을 파악하고, 개선하고,

그 결과물을 확장할 가능성이 있는지 알아봐야 하죠. 이 과정이 전부 문제해결을 위한 공부입니다.

시중에는 공부법을 소개하는 책이 정말 많습니다. '기적의', '최고', '최상위', '완벽' 등의 수식어와 '서울대 상위 1%', '하버드대 0.1%' 같은 수치에 독자들은 쉽게 매혹됩니다. 하지만 이러한 책들은 그저 성적 상승과 시험 합격을 목표로 한 공부만을 이야기합니다. '문제해결'이라는 공부의 궁극적 지향점에 닿아 있는 책은 많지 않습니다. 공부법을 연구한 전문가가 직접 쓴 책은 더욱 드뭅니다. 그래서 저는 인지심리학자이자 교육자로서 정확한 연구 결과와 검증된 내용을 바탕으로 공부를 소개하기 위해 이 책을 쓰기 시작했습니다.

## 강의 내용 미리 보기

강의의 전반부에서는 삶을 위해 공부할 때 알아야 할 기본적인 요소들을 다룹니다. 나아가 잘못된 공부법을 하나하나 살펴본 후, 인지심리학적인 관점에서 효과적인 공부법을 정리했습니다.

일찍이 영국의 철학자 프랜시스 베이컨Francis Bacon은 구체적인 공부 방법을 제안했습니다. 그는 1597년 자신의 수필집에서 "독서는 지식이 많은 사람을, 토론은 준비된 사람을, 글쓰기는 정확한 사람을 만든다"라고 했죠.[1] 저는 여러분이 단순히 지식이 많은 사람에 그치는 것이 아니라, 준비되고 정확한 사람이 되었으면 합니다. 독서를 넘어 토론과 글쓰기를 통해 자아를 탐구하고 실현하며 적극적으로 우리 사회의 여러 문제를 해결해 나가기를 바랍니다. 그런 마음을 담아 강의의 중반부에서는 읽기, 질문하기, 토론하기, 글쓰기의 구체적인 방법을 전합니다. 다른 사람의 생각을 이해하고 자신만의 생각을 발전시키는 과정에서 우리는 고유성을 지닐 수 있습니다. 공부에는 '나'가 '나'일 수 있게 하는 힘이 있습니다.

강의 후반부에서는 교육 현황을 진단하고 공부하는 이들이 나아갔으면 하는 길을 제시했습니다. 성적으로 줄을 세우는 잔인한 전쟁터에서 서로 싸우는 대신, 사회의 수많은 문제에 대해 의미 있는 해결책을 찾기 위해서는 힘을 모아야 합니다. 자신과 비슷한 생각을 가진 사람부터 정반대의 생각을 가진 사람들까지 보듬고 이해하며 사회적 논의를 이어가야 합니다. 연대의 폭이 넓어질수록 우리 삶은 더 풍요롭고 평화로워질 겁니다. 여러분이 그 여정에 함께하기를 바랍니다.

✳

이 책이 학생뿐 아니라 학부모, 교수자, 그리고 교육정책가들에게도 좋은 영향을 미쳤으면 좋겠습니다. 현재 교육 현장에서는 과도한 경쟁의 압박으로 인해 학생들이 희망을 가지고 성장하기 어렵습니다. 제가 30년 넘게 공부하고 연구해온 것들이 오늘날 교육의 문제를 해결하는 데 도움이 되었으면 하는 바람을 담아 이 책을 썼습니다. 그런 점에서 이 책은 제가 '공부'한 흔적이기도 하죠.

# 무엇이 공부인가?

✳

누구나 저마다의 로망을 안고 부푼 마음으로 대학교에 입학합니다. 고등학교 내내 주변에서 이런 이야기를 듣기 때문이죠. '대학만 가면 살이 저절로 빠진다', '대학만 가면 연애할 수 있다', '대학만 가면⋯'. 그중 가장 매력적이고도 역설적인 이야기는 '대학만 가면 마음껏 놀 수 있다'라는 말입니다. 이 표현은 대학에 대해 사람들이 가지고 있는 인식을 가장 잘 보여줍니다. 대학교를 공부의 종착역이자 보상으로 여기는 겁니다.

　부모님들은 한국 학생들만 대학교 가서 논다고들 하지만, 다른 나라들도 사정은 비슷합니다. 미국이라고 크게 다를까요? 2018년 미국의 교육경제학자인 브라이언 캐플런Bryan Caplan은 『교육에 대한 반론: 교육제도는 왜 시간과 돈 낭비인가?』에서 미국 교육은 졸업장을 가진 사람들이 똑똑해 보이게 하는 기능만 있을 뿐 실질적인 역량을 향상시키지 못한다고 말했죠.[1]

　오늘날의 교육에는 어떤 문제가 있을까요? 그리고 어떤 변화가 필요할까요? 그리고 우리는 어떻게 공부해야 할까요? 다양한 연구 결과를 바탕으로 살펴보겠습니다.

# 교육의 현주소

미국의 사회학자 리처드 애럼Richard Arum과 조시파 록사Josipa Roksa는 대학 교육의 효과를 알아보기 위해 종단 연구longitudinal study를 진행했습니다. 시간에 따라 학생들의 역량 수준이 어떻게 변화하는지 알아본 것이죠. 대학생들에게 신문 기사나 통계 자료 등을 제시하고 이를 바탕으로 사회 문제의 해결책을 작성하게 했습니다. 이런 시험을 입학 시점과 2학년 말에 보게 한 다음, 어떤 변화가 있는지를 비교했죠. 그 결과 점수가 약간 향상되었지만 통계적으로 볼 때 크게 의미 있는 차이는 아니라는 결론을 내렸습니다.[2] 점수가 약간 오른 것은 단순한 우연 때문이라는 겁니다.

반면 오하이오주립대 교육학과 교수인 린 딩Lin Ding과 동료들은 시간에 따른 변화를 살펴본 애럼과 록사의 연구와 달리 한 시점을 기준으로 서로 다른 학년의 점수를 동시에 비교하는 횡단 연구cross-sectional study를 진행했습니다. 중국 대학 중 서열 30위 이내인 최상위권 대학의 학생 집단과 서열 100~150위인 중상위권 대학의 학생 집단을 대상으로 로슨의 과학 추리력 검사 Lawson Scientific Reasoning Test를 실시해 두 집단을 비교 분석한 겁니다. 이 검사는 과학적 현상의 기본 원리를 묻는 24개의 문항으로 구성되어 있는데, 예를 들자면 문항은 이렇습니다.

한 학생이 현미경 슬라이드에 혈액 한 방울을 떨어뜨린 다음 혈액을 관찰했다. 아래 그림에서 볼 수 있듯이 확대된 적혈구 세포는 작은 둥근 공처럼 보인다. 혈액에 소금물을 떨어뜨린 후 세포가 작아지는 것을 발견했다. 이 현상에 대해 생각해볼 수 있는 두 가지 원인은 다음과 같다.

I. 소금 이온($Na^+$ 및 $Cl^-$)이 세포막을 밀어붙여서 세포가 더 작아 보이게 된다.

II. 세포 안의 물 분자가 소금 이온에 끌려 세포 밖으로 이동하여 세포가 더 작아 보이게 된다.

확대된 적혈구 세포          소금물을 떨어뜨린 후 변형된 세포 모양

두 설명을 검증하기 위해 약간의 소금물, 계량 장치, 비닐이 혈액의 세포막처럼 작용한다고 가정하고 물이 채워진 비닐봉지를 사용했다. 실험은 물을 채운 봉지의 무게를 측정하고, 소금 용액에 10분간 담근 다음, 다시 봉지의 무게를 재는 순서로 진행되었다.

어떤 실험 결과가 설명 I이 틀렸음을 가장 잘 보여주는가?

a. 봉지의 무게가 줄었다.

b. 봉지의 무게가 똑같다.

c. 봉지가 작아 보인다.


어떤 실험 결과가 설명 II가 틀렸음을 가장 잘 보여주는가?

a. 봉지의 무게가 줄었다.

b. 봉지의 무게가 똑같다.

c. 봉지가 작아 보인다.


검사 결과 상위권 대학생 집단의 평균 점수는 70점이 넘었고, 중위권 대학생 집단의 평균 점수는 60점 아래를 기록했습니다. 두 집단 간 평균 점수 차가 10점 이상이었죠. 상위권 대학의 경우 과학, 공학, 교육학 전공 순으로, 중위권 대학은 공학, 과학, 교육학 전공 순으로 평균 점수가 낮아졌습니다. 여기서 중요한 사실은 같은 순위 대학의 동일 전공 학생들의 점수를 비교해 보니, 학년 간에 점수 차이가 없었다는 겁니다. 1학년 학생이나 3, 4학년 학생들이나 과학적 사고력 수준이 비슷했다는 거죠. 즉 중국의 대학 교육이 과학적 사고력 향상에 도움을 주지 못했다는 뜻입니다.[3]

2, 3년을 더 배워도 교육의 효과가 없었다면, 이것이 과연 대학 교육만의 문제일까요? 미국 보스턴에 있는 교육과정재설계센터의 설립자인 찰스 파델Charles Fadel과 동료들은 "현재의 교육 시스템에서 대부분의 아이들은 미래는커녕 당장 오늘의 세계에서 성공하는 데 필요한 능력들조차 제대로 키우지 못하고 있다"라고 주장합니다. 모두가 입을 모아 전 세계가 혁명적인 전환의 시대를 맞이하고 있다고 하는데, 정작 교육 시스템은 그에 맞추어 변화하지 못하고 있다는 겁니다.[4] 캐나다의 저명한 교육학자 마이클 풀란Michael Fullan도 「왜 우리 교육은 현상 유지 상태에서 벗어날 수 없을까?」라는 칼럼에서 대부분의 사람들이 서구 교육 방식이 더 이상 제대로 작동하지 않는다는 것을 알게 된 지 50년이 넘었는데도, 여전히 변화하지 않는다고 평가합니다.[5]

학자들의 언급은 그나마 ChatGPT 같은 AI 모델이 등장하기 전의 이야기입니다. 대규모 언어 모델의 등장은 교육의 목적과 의미, 그리고 교육 방법을 더욱 숙고하게 만들었죠. 대규모 언어 모델은 우리가 궁금해하는 질문에 대해 수준 높은 답변을 제공합니다. 그 수준은 미국의 의사 자격시험과 변호사 자격시험을 통과할 수 있는 정도죠. 심지어 응답형 계산 엔진인 울프럼 알파Wolfram Alpha와 결합되면서 수학 문제 풀이력도 향상되고 있습니다. 앞으로는 대규모 언어 모델을 잘 활용하기만 하면 거의 모든 정규 수업 과목의 내용을 습득할 수 있게 될 겁니다.

오늘날 교육에 대한 공급은 수요를 초과해 과포화 상태입니다. 가르치는 사람도 많고, 교육 콘텐츠도 넘쳐납니다. 혁신을 꾀하는 교육 기관도 등장하고 있습니다. 전적으로 능동적인 학습fully active learning을 추구하는 미네르바 스쿨이 그 좋은 예이죠. 이 학교는 일방적인 강의가 아니라 학습과학 원리에 기반한 학생 활동을 중심으로 수업을 진행합니다. 20명 이내의 수강생이 세미나 형식으로 수업을 수강하며 활동의 75% 이상이 학생 주도적 토론과 조별 활동이죠. 실리콘 밸리의 첨단 IT 기술을 활용한 능동적 학습 포럼Active Learning Forum이라는 플랫폼을 사용해 학생들의 토론 기여도를 실시간으로 평가하고, 녹화된 토론 영상을 기반으로 매 수업에 대한 평가와 피드백을 제공합니다.[6]

프랑스의 IT 교육기관인 에콜42[7]도 눈여겨볼 만한 훈련 프로그램을 운영합니다. 교수나 교재, 심지어 학비도 없이 총 42개의 프로젝트를 성공적으로 마치기만 하면 수료증을 받죠. 학생들은 프로젝트를 수행하고 문제를 해결하는 과정에서 서로 가르치고 협력하며 배웁니다. 프랑스에서 시작되어 여러 나라로 확장되었는데, 우리나라에서도 42서울에 이어 42경산을 운영하며 학생들에게 월 최대 100만 원의 교육지원금을 제공하고 있죠.

이런 혁신적 교육 기관이 아니더라도, 이제 인터넷만 있으면 유튜브나 온라인 개방 강좌를 통해 양질의 강의를 들을 수 있습니다. 굳이 학교에 갈 필요가 없을 정도로 정보에 대한 접근성이 높아졌습니다. 게다가 코로나19 팬데믹을 겪으면서 학생들이 비대면 교육을 경험한 만큼 앞으로도 기존 교육의 한계를 넘어서려는 시도는 늘어날 겁니다. 단순히 지식 습득만을 위한 교육의 시대는 저물어가고 있습니다.

학교의 울타리를 벗어난 교육 현장은 이제 어떻게 바뀌어갈까요? 예상할 수 있는 한 가지 어려움은 학생들이 공부를 제대로 하고 있는지 확인할 방법이 없다는 겁니다. 앞으로 배울 내용을 예습하고, 배웠던 내용을 활용해 과제를 수행한 결과물이 과연 학생이 직접 해낸 것이 맞는지 확인하기 어려워졌기 때문이죠. 그래서 미래의 수업은 학생들이 자율적으로 공부한 내용을 확인하고 검증하는 방식, 즉 평가를 중심으로 진행될 가능성이 높습니다.

이러한 변화는 커리어 발전과 취업에도 영향을 미칩니다. 이미 교육이나 업무 현장에서 ChatGPT를 많이 사용하고 있죠. 보고서나 회의록, 논문을 짧게 요약하거나 글의 초고를 다듬는 일은 물론 번역이나 프로그래밍 코드까지 ChatGPT에게 맡길 수 있습니다. 그렇다면 도대체 인간은 무엇을 할 수 있을까요? 어떤 능력을 길러야 할까요? ChatGPT를 예로 한번 들어보겠습니다. 어떤 일을 처리할 때, ChatGPT가 내놓은 결과물을 그대로 활용하기는 어렵습니다. 우선 결과물을 누군가에게 제출하기 전에 제출자가 그 내용을 이해해야 합니다. 제출한 문서를 두고 추가 설명이 필요할 때도 있고, 구체적인 사항들을 직접 수행해야 하기 때문입니다. 그러다보면 예상치 못한 문제가 생길 때도 많겠죠. 이를 해결하려면 우리가 결과물을 잘 알고 있어야 합니다. 게다가 ChatGPT가 제공하는 답변은 일률적인 구조로 반복됩니다. 결과물을 그대로 가져다 쓴다면 차별화된 방안을 만들어내지 못하므로 경쟁력을 확보할 수 없겠죠. 모두가 같은 수준에 머물러 있으면 발전은 없을 겁니다. 또한 기본적으로 ChatGPT는 인간이 만들어낸 정보를 바탕으로 언어를 학습하기 때문에 오류를 검토하는 작업도 필요합니다.

따라서 인공지능 기술을 제대로 사용하려면 그 아웃풋이 얼마나 좋은지 판단하고 그것을 더 발전시킬 수 있어야 합니다. 스스로 고민하면서 공부하지 않으면 광고나 선동에 휘둘리기 쉽습니다. 우리는 미래를 준비하기 위해 단단한 사고력을 갖추어야 합니다. 또한 다양한 문제해결 경험을 바탕으로 새로운 이슈를 만들어낼 수 있어야 합니다. 좋아하고 잘하는 일을 찾아 주도적으로 지식을 습득하고 활용할 줄 알아야 합니다. 제가 말하는 공부는 바로 이런 것입니다. 제대로 공부할 줄 모르는 사람은 미래 사회에서 더욱더 살아남기 힘들 겁니다.

## '교육받는 나'에서 '공부하는 나'로

흔히 혼용되지만, 교육과 공부는 조금 다릅니다. 교육은 사회나 가족 구성원에게 필요한 지식, 기술, 태도를 가르치는 하나의 제도입니다. 개인보다 사회의 필요를 더 강조하죠. 그래서 교육의 주체는 가르치는 사람입니다. 교육을 받는 대상에게 중요한 정보를 전달하고, 필요한 경우 암기를 요구합니다.

교육을 뜻하는 영어 education은 '끌어내다'를 의미하는 라틴어 educere에서 유래했습니다. 즉, '잠재적인 것을 밖으로 끌어내는' 활동을 뜻하죠. 그런데 참 아이러니하게도 실제 교육은 많은 정보를 '주입하는' 식으로 이루어집니다. 이런 방식이 무조건 나쁜 것만은 아닙니다. 사회를 살아가는 데 꼭 필요한 지식을 전달하기에는 가장 쉽고 경제적인 방법이거든요. 다만 저는 여러분이 한 발짝 더 나아가기를 원합니다. '정보를 받아들이는 나'에서 '받아들인 정보를 활용할 줄 아는 나'로 성장하길 바랍니다. 제대로 된 공부는 바로 여기서 시작합니다.

공부는 자기주도적이어야 합니다. 이는 문제해결의 시작, 과정, 결과에 대해 스스로 평가하는 것을 의미합니다. 다루고자하는 문제, 문제를 공략할 방법, 전략 선택 및 수정은 물론 해결여부 판단, 그만두는 시점까지 스스로 결정하고 책임져야 하죠. 여기까지만 들으면 혼자서 모든 것을 해내야 한다는 부담감을 느낄지도 모르겠네요. 그러나 저명한 상담심리학자인 칼 로저스Carl Rogers의 말을 빌려 다시 표현해보겠습니다.

의미 있는 학습은 스스로 시작한 학습이다. 자극이나 충동이 외부에서 올지라도 발견하고 파악하고 이해하는 능력은 내부에서 온다. 그리고 의미 있는 학습은 파급된다. 그것은 학습자의 행동, 태도, 심지어는 인성의 변화를 가져온다. 의미 있는 학습은 학습자 자신에 의해 평가된다. 의미 있는 학습이 학습자의 필요를 충족시키는지, 그가 알고 싶은 것으로 인도해주는지, 학습자가 경험하는 무지의 어두움을 밝혀주는지 여부를 그 자신이 알게 된다.[8]

내면의 욕구에서 시작한 자기주도적인 공부만이 스스로에게 의미 있는 영향을 미칠 수 있다는 겁니다. 로저스의 이야기는 스스로 공부할 수 있는 능력이 우리에게 있다는 것을 전제로 합니다. 올바른 공부를 하고 싶다면 무엇을 배우고 무엇에 도전하고 싶은지 자신에게 물어보세요. 중요한 것은 스스로 열심히 노력하고 충분히 고민하는 과정입니다.

실제로 문제해결 방법을 스스로 찾아낼 때, 호기심이 커지고 탐색 활동이 활발해진다는 연구 결과가 있습니다. 미국 매사추세츠공과대, 즉 MIT의 발달심리학자들이 유치원생을 두 집단으로 나누어 실험을 진행했습니다. 장난감 작동법을 배운 아이들과 배우지 않은 아이들이 장난감을 얼마나 오래 가지고 노는지, 가르쳐주지 않은 기능을 얼마나 많이 찾아내는지를 비교했습니다. 작동법을 배우지 않은 아이들이 더 오랫동안 장난감을 가지고 놀면서 더 많은 기능을 찾아냈죠.[9]

간단한 놀이 하나만 가르쳐도 이런 일이 일어납니다. 그렇다면 학교에서 배우는 더 복잡한 내용에 대해서는 말할 것도 없죠. 교사가 이것저것 많이 가르쳐주면 학생은 배운 내용을 받아들이느라 무언가를 탐색할 시간을 누릴 수 없습니다. 조급한 마음으로 무조건 많이 가르치고 많이 배우려고 하는 것이 정답은 아닙니다. 학생 스스로 탐색하고 노력해야 합니다. 공부를 잘하고 싶다면, 주도적으로 공부 목표와 목표 달성 전략을 세우는 것부터 시작하세요.

# 수동과 능동, 혼자와 함께

대학생이 매 학기 공부해야 하는 양은 어마어마합니다. 그래서 필요에 따라 스터디 그룹을 만드는 학생들이 꽤 많죠. 각자 정해진 부분을 공부하고 나서 모르는 내용을 서로 묻고 답하며 수업의 핵심 메시지를 정리해나갑니다. 스스로 이해했다고 판단한 부분도 다른 사람에게 설명하다보면 막힐 때가 많습니다. '아 내가 확실히 몰랐구나…' 하며 깨달을 때도 있고요. 이 과정을 거쳐 우리는 더 발전합니다.

무엇을 공부하든 공부 과정에 능동적으로 참여할수록 성과가 좋습니다. 일반적인 의미에서 능동성은 '무언가를 자발적으로 하는 상태'를 의미하죠. 여기서 제가 말하고자 하는 능동성은 공부에 임하는 적극성에 가깝습니다. 아직 좀 어렵게 느껴지겠지만, 지금부터 설명하는 연구 내용을 잘 따라오면 이해할 수 있을 겁니다.

애리조나대 심리학과 교수 미셸린 치Michelene Chi는 능동성 연구에서 가장 영향력 있는 연구자입니다. 그는 능동성을 네 단계로 구분했습니다. 이를 ICAP 프레임워크라고 합니다.[10] ICAP은 상호작용interactive, 구성constructive, 능동active, 수동passive 의 머리글자를 딴 단어로, 학생이 공부에 능동적으로 참여하는 정도를 구분한 겁니다. '수동'은 다른 활동을 하지 않으면서 강의를 듣거나 책을 읽거나 동영상을 보는 정도의 학습입니다. 수업에 주의를 기울여 듣기만 하는 정도죠. 수업을 듣기는 하지만 필기는 절대 하지 않는 학생들이 떠오르지 않나요? '능동'은 학습과 관련이 있는 외적인 움직임 혹은 물리적 조작이 이루어지는 단계입니다. 예를 들어 강의를 들으며 따라 말하거나, 책을 읽으며 밑줄을 긋거나, 동영상을 보며 멈추거나 빨리 감기 혹은 되감기 등이 여기에 해당합니다. 보통 학생들이 수업을 들을 때 가장 많이 하는 활동입니다. '구성'은 말 그대로 스스로 공부 내용을 구성하는 행위를 뜻합니다. 개념도를 그려보고, 궁금한 점을 묻거나 사례들을 비교·대조하는 등 스스로 결과물을 만들어내는 활동까지 포함합니다. 마지막으로 '상호작용'은 여러 사람이 각자 구성적 활동을 하면서 서로 충분히 교류하는 양상입니다. 토론을 통해 혼자서는 생각하지 못했던 새로운 아이디어를 떠올리는 것도 상호작용에 해당하죠. 이 프레임워크 덕분에 우리는 능동성의 정도를 구분할 수 있게 되었습니다.

치 교수는 상호작용, 구성, 능동, 수동의 각 단계에서 일어나는 지식의 변화를 각각 공동-추리, 추리, 통합, 저장으로 특징지었습니다. 정보를 단순히 저장하는 것보다는 여러 개의 정보를 통합하는 것, 통합보다는 새로운 정보를 추리해내는 것, 혼자서 추리하는 것보다는 다른 사람과 함께 추리하는 것이 고차적인 사고에 해당한다고 주장했습니다. 또한 학습 자료에 대한 이해 수준도 상호작용 단계에서 가장 높고 수동 단계에서 가장 낮다고 했죠. 혼자가 아니라 함께 공부할 때, 경쟁만이 아니라 연대가 가능할 때 가장 공부 효과가 좋다는 연구 결과는 남보다 좋은 성적을 받기 위해 경쟁해온 여러분에게 조금 낯설게 들릴지도 모르겠습니다.

## 생각하는 힘

코로나19 팬데믹 이후로 대학에서는 녹화 영상으로 진행하는 강의가 늘어났습니다. 그런데 날짜에 맞춰 강의를 바로바로 듣는 부지런한 학생은 많지 않죠. 눈 깜짝할 새 몇 주 분량의 강의가 쌓이기 시작합니다. 학생들은 시험 기간에 임박해서야 강의를 몰아 듣습니다. 밀린 강의를 하루 동안 몰아서 들은 다음 생각하죠. "아, 오늘 진짜 열심히 공부했다!"

　하지만 단순히 강의를 듣는 것만으로 공부했다고 말할 수 있을까요? 일찍이 공자는 『논어論語』「위정爲政」편에서 "배우되 생각하지 않으면 남는 것이 없고, 생각하되 배우지 않으면 위태

롭다(學而不思則罔, 思而不學則殆)"라고 말했습니다. 배우기만 해서는 안 되고, 생각하기만 해서도 안 된다는 뜻입니다. 배운 것을 사고하는 과정을 거쳐야 학습은 비로소 공부가 됩니다. '사고'한다는 것은 무엇일까요? 학습과 사고, 공부를 이루는 두 개념에 대해 더 자세히 알아볼까요?

학습은 이미 알려진 지식을 습득하는 데에서 시작합니다. 가르침의 대상이 지식을 받아들이는 행위라는 점에서 대상적이자 수용적인 개념이죠. 교사의 시범을 보고 학생이 따라하는 '모방' 또한 학습에 포함됩니다. 누군가로부터 배우면 혼자 생각할 때보다 지식을 빠르고 쉽게 습득할 수 있습니다. 매우 효율적이죠.

반면 사고는 습득한 지식을 적절한 곳에서 사용하거나 새로운 지식을 만들어내는 데 중요한 역할을 합니다. 주체적이고 생성적이죠. 물론 학습과 사고가 완전히 구분되는 영역은 아닙니다. 우리가 누군가를 모방하려면 상대의 행위를 기억해야 한다는 점에서 학습에는 아주 기초적인 차원의 사고력이 필요합니다. 그러나 사고는 기억 외에 분석, 통합, 비판, 발상, 계획, 평가 등 고차원적인 인지 능력까지 망라합니다. 요즘은 아동 교육에서부터 사고력이 중요하다는 이야기를 많이 합니다. 중요한 건 지식을 많이 습득한다고 해서 자동적으로 사고력이 향상되지

1강

않는다는 점입니다.[11]

어떻게 하면 사고력을 발달시킬 수 있을까요? 운동 선수들이 더 나은 성적을 위해 체계적인 훈련을 받듯이 사고력을 키우기 위해서도 계획적인 훈련이 필요합니다. 저는 문제 중심 학습 problem-based learning 방법을 추천합니다. 쉽게 해결할 수 없는 문제를 해결해내는 경험을 통해 사고력을 강화하는 거죠.[12] 예를 들어 "다문화가정 학생을 지원하기 위해 어떤 노력을 기울여야 할까요?", "젊은 세대가 투표에 더 참여할 수 있도록 하는 방안은 무엇일까요?", "자율주행차를 상용화하기 위해 어떤 점을 고려해야 할까요?"와 같은 문제를 놓고 답을 찾아보는 겁니다. 아무래도 혼자 끙끙대는 것보다는 여럿이 머리를 맞대는 것이 효율적이겠죠? 학생들은 소그룹으로 모여 함께 자료를 찾고 토론하며 해결책을 모색합니다. 앞에서 소개했던 에콜42에서 프로그래머를 양성하는 프로그램도 이와 비슷하죠.

2024년부터 미국 캘리포니아주에서도 문제를 다양한 방식으로 풀어볼 기회를 제공하는 방식으로 수학 수업을 혁신하고 있습니다.[13] 이 과정에서 답을 맞혔는지 틀렸는지는 중요하지 않습니다. 얼마나 창의적으로 문제를 풀었는지가 중요하죠. 예를 들어 소집단을 구성해 "폭 1m, 높이 1m인 판자 36개를 이용해 가장 넓은 땅을 차지하도록 울타리를 치는 방법을 제시하라" 같은 문제를 푼 후 그 과정을 발표하는 방식으로 수업을 진행하는 겁니다. 연구에 따르면 문제 중심 학습 방법으로 수학을 배운 학생들은 8년 후에도 수학에 대한 긍정적 태도를 유지하며 시험 점수도 높았다고 합니다. 이처럼 스스로 생각하며 답을 찾아가는 훈련과 경험은 학문에 대한 이해를 높이고, 졸업 후의 삶에도 영향을 미칩니다.

## 문제해결의 기본 원리

프린스턴대 수학과 교수였던 앨프리드 화이트헤드Alfred Whitehead는 100여 년 전에 교육의 목적을 "지식 활용법을 습득하게 하는 것"[14]으로 규정했습니다. 단순히 지식을 습득하는 것보다 습득한 지식을 활용하는 방법에 주목한 것이죠. 그리고 이 목적을 달성하기 위한 두 가지 기본 원칙을 제시했습니다. 하나는 "너무 많은 과목을 가르치지 마라"이고, 다른 하나는 "가르쳐야 할 것은 철저하게 가르치라"[15]는 것이었습니다. 여기서 철저하게 가르치라는 것은 공부 내용을 깊이 있게 이해하여 발견의 기쁨을 맛볼 수 있게 하라는 뜻입니다. 여러분의 입장에서는 너무 많은 내용을 배우려 하지 말고 핵심적인 내용에 집중하며 공부하라는 의미로 받아들이면 됩니다.

학습과학자 키스 소여Keith Sawyer는 깊이 있는 학습에 대해 다음과 같이 이야기했습니다.

## 깊이 있는 학습의 특징[16]

- 깊은 학습은 학습자가 새로운 아이디어나 개념을 이전 지식이나 경험과 연결 짓기를 요구한다.
- 깊은 학습은 학습자가 지식을 서로 관련된 개념 체계로 통합하기를 요구한다.
- 깊은 학습은 학습자가 패턴이나 기저 원리를 찾기를 요구한다.
- 깊은 학습은 학습자가 새로운 생각을 평가하고 그것을 결론과 연결하기를 요구한다.
- 깊은 학습은 학습자가 지식이 만들어지는 대화를 이해하고 주장의 논리를 비판적으로 검토하기를 요구한다.
- 깊은 학습은 학습자가 자신의 이해와 학습 과정에 대해 반추하기를 요구한다.

모든 문장이 '깊은 학습은 학습자가 ~하기를 요구한다'의 형식이죠. 그만큼 학생의 능동적인 행위가 중요하다는 뜻입니다.

실제로 전문가들이 연구를 수행하는 과정도 이와 비슷합니다. 하나의 내용을 배우고 바로 다음 내용을 공부하지는 않습니다. 배운 내용을 이전 지식과 통합하거나 비판적으로 살핀 후 새로운 생각을 하기 위해 충분한 시간을 가집니다.

자신이 관심을 가진 분야에서 중요한 문제를 찾아내고 그 문제에 대한 나름대로의 해결책을 다른 사람과 공유하는 것도 중요합니다. 혼자서만 생각하면 오류를 발견하지 못해 독단에 빠지기 쉽기 때문입니다. 자신이 가지고 있는 지식 체계를 되돌아보기 위해서는 반드시 다른 사람과 소통하는 과정이 필요합니다. 깊은 지식은 이런 과정을 통해 만들어집니다.

많은 지식이 쌓일 때까지 가만히 기다리지 마세요. 구체적인 문제에 대해 이미 알고 있는 지식을 약간씩 변형해보거나, 여기저기 새로운 장면에 적용하면서 해결을 시도해보세요. 제대로 해결하지 못해도 괜찮습니다. 이 과정 자체가 여러분의 지식을 더 깊이 있게 만들어줄 겁니다.

# 공부법에 대한 오해

학생들이 공부를 싫어하는 이유 중 하나는 심리적 불편감입니다. 내용을 파악하기 어렵거나, 문제해결에 진전이 없으면 쉽게 포기하고 싶어집니다. 이런 불편감은 여러 가지 이름으로 불립니다. 인지과학자 커트 반렌Kurt VanLehn은 '막다른 골목impasse'[1]으로, 수학교육학자 존 산조반니John SanGiovanni 등은 '고심struggle'[2]으로, 교육학자 제임스 노팅엄James Nottingham은 '학습 구덩이 learning pit'[3]로 표현했습니다.

불편감을 좋아하는 사람은 없습니다. 그러나 공부라는 건 어려움을 마주했을 때 도망가거나 포기하지 않고 도전하는 활동입니다. 점점 더 어렵고 복잡한 문제에 도전하면서 지식과 기술을 익혀가는 과정입니다. 무언가를 이해하고, 생각하고, 만들어내기 위한 지적 긴장이나 도전은 우리를 더 나아가게 하는 원동력입니다. 만약 이런 불편감이 싫다고 피하기만 한다면 변화와 발전은 없습니다. 공부하는 활동이 불편감을 초래하다보니 사람들은 쉽고, 편안하면서 효과가 좋은 공부법을 찾게 됩니다. 하지만 그런 공부법은 예외 없이 잘못된 공부법입니다. 이번 강의에서는 불편감을 덜어주겠다며 우리를 현혹하는 공부법의 함정을 살펴보도록 하죠.

# 빠지기 쉬운 잘못된 공부법의 함정

본격적인 강의에 앞서 간단한 설문 하나를 해보죠. 정답이 있는 게 아니니 각자 자신의 경험에 비추어 솔직하게 답해주시길 바랍니다.

**다음 문항을 읽고 ○ 또는 ×로 답하세요.**

1. 공부법과 관련된 '뇌' 과학의 연구 결과를 한 가지 이상 알고 있다.

   (뇌를 훈련하거나 뇌의 활용 능력을 높이는 것과 관련된 연구 등)

2. 집중력 향상 훈련이나 몰입 훈련을 받은 적이 있다.

3. 뇌는 잠을 자는 동안에도 무의식적으로 학습할 수 있다고 생각한다.

4. 공부를 잘하기 위해서는 잠을 줄여야 한다고 생각한다.

5. MBTI 같은 성격유형에 따라 공부법도 달라져야 한다고 생각한다.

6. 시험 공부를 할 때는 한 과목을 먼저 끝내놓고, 다음 과목을 공부한다.

7. 유명한 강사에게 배우면 성적이 올라갈 것이라고 생각한다.

8. 학습을 게임과 접목한 온라인 학습 프로그램을 이용한 적이 있다.

9. 중·고등학교 시절 공부법을 주제로 한 책을 찾아본 적이 있다.

10. 입시 학원을 선택할 때 학원 수강생의 합격자 수를 고려한다.

이 문항들은 대부분 어디선가 한번쯤 들어본 익숙한 이야기일 겁니다. 각자 자신의 답변 가운데 ○와 ✕의 수를 세어보세요. 대부분 ✕보다는 ○가 더 많지 않을까 싶네요. 만약 그렇다면 여러분은 이미 잘못된 공부법의 함정에 빠져 있습니다. 그동안 우리가 잘못 알고 있던 공부법을 하나씩 살펴봅시다.

## 유사과학의 속임수

### "인간은 뇌의 10%만 사용한다?"

인간은 평소에 뇌의 10%만 사용하기 때문에 나머지 90%를 활용한다면 엄청난 능력을 발휘할 수 있다는 주장이 있습니다. 천재 물리학자 알베르트 아인슈타인Albert Einstein도 뇌의 10%밖에 사용하지 못했다면서 말이죠. 과연 이 말이 사실일까요? 그렇지 않습니다. 만일 우리가 평생 뇌의 10%만 사용한다면, 뇌출혈로 인해 뇌가 손상된 사람들은 거의 없어야 할 겁니다. 하지만 뇌에 영양을 공급하는 실핏줄이 터져 뇌의 극히 일부분만 문제가 생겨도, 그로 인한 손상은 엄청납니다. 기능적 자기공명영상fMRI을 이용한 연구 결과에 따르면, 정상적인 뇌 활동 수준이 최소 55%는 넘어야 우리가 의식을 유지할 수 있습니다. 활동 수준이 45%로 떨어지면 혼수상태에 빠지게 됩니다.[4] 사용되지 않는 뇌 영역을 활성화하려는 수고는 그저 허상입니다. 반대로 이미 열심히 일하고 있는 뇌가 최적의 상태를 유지하도록 집중과 휴식을 적절하게 반복해야 하죠. 잘 쉬는 방법은 7강에서 살펴보도록 하겠습니다.

## "뇌에도 훈련이 필요하다?"

특정한 방식의 뇌 훈련을 통해 인지 역량을 강화할 수 있다는 주장이 인터넷이나 신문 광고에 심심찮게 등장합니다.[5] "'아'로 시작하는 단어를 많이 만들어보세요", "제시된 여러 자극 중, 독특하게 구별되는 자극을 찾아서 마우스로 클릭하세요", "방금 화면에 제시된 숫자들 중, 뒤에서 2번째 숫자는 무엇인가요?" 등과 같은 게임들이 그 예입니다. 훈련 대상으로는 초등학생, 중학생, 유아, 발달장애아, 그리고 성인까지 다양하죠. 뇌 훈련 프로그램들은 스마트폰 앱[6]이나 책[7]을 이용하기도 하는데, 이를 통해 치매를 예방하거나 지연할 수 있다는 주장도 있습니다. 실제로 컴퓨터를 이용한 인지 훈련이 경미한 뇌 손상 환자나 치매 환자의 기억을 향상할 수는 있으나[8] 이는 훈련 과제와 검사 과제가 유사하기 때문에 산출된 결론일 뿐, 일반 지능을 높이는 데는 거의 효과가 없습니다.[9] 쉽게 얘기해 문제를 미리 풀어봤기 때문에 지능 점수가 올랐다는 겁니다. 훈련 과제와 다른 과제를 사용해 검사를 진행하면 지능 점수는 거의 변하지 않습니다.[10]

## "속독이 공부에 효과적이다?"

보통 사람들은 분당 평균 240~250개 정도의 단어를 읽습니다. 읽는 속도를 높인다면 같은 시간에 더 많은 양을 공부할 수 있겠죠. 그래서 속독 훈련을 통해 책을 빨리 읽을 수 있다면 성적이 오르지 않을까 하고 기대하게 됩니다. 그것이 가능하다고 주장하며 학생을 가르치는 학원도 있죠. 읽는 속도를 2~3배, 심지어 10배로 높이는 것이 정말 가능할까요?

화면 중앙에 한 단어씩 속도를 조절하면서 제시한 다음 이해도를 평가해보면, 학술적 글의 내용을 속독으로 이해하는 것은 사실상 불가능합니다.[11] 오히려 빠르게 읽을수록 정확한 의미를 파악하지 못할 가능성이 커집니다. 어려운 학술 용어가 많이 등장할수록, 많은 정보가 압축되어 있을수록, 여러 의미를 통합하기 위한 추론이 필요할수록 속독은 더욱 의미가 없습니다. 특히 대학 교육 이상의 과정에서는 무의미한 공부법이죠.

물론 글의 내용 중 일부분을 생략하고 읽어도 전체 내용을 어느 정도 이해할 수 있겠지만, 천천히 많은 글을 읽으면서 어휘력과 지식을 강화하는 것이 훨씬 현명한 선택입니다.

## "자면서도 공부한다?"

공부 내용을 녹음하고, 그걸 들으면서 자면 무의식적으로 내용을 기억하게 된다는 주장은 어떤가요? 공부하느라 늘 잠이 부족한 사람들에게는 환상적인 공부법이죠. 그러나 이 또한 허무맹랑한 주장입니다. 이런 주장은 100여 년 전 한 사업가가, 수면 중에 "돈을 많이 벌고, 사업이 잘될 것이다"라는 말을 들려주는 녹음기를 개발하고 특허를 출원했다는 기사에서 볼 수 있습니다.[12] 이는 자기 최면, 무의식적 학습subliminal learning 등으로 불리죠. 많은 논란이 있었지만 이를 입증하는 데 문제가 있다는 주장이 지배적입니다.[13] 실제로 이 방법이 효과적이라는 연구 결과는 그 어느 학술지에도 실린 적이 없습니다.

그런데도 여전히 언어 분야에서는 수면학습법을 다루는 광고를 쉽게 찾아볼 수 있습니다. 아무런 노력도 하지 않는 것보다야 낫다고 생각할 수도 있겠죠. 하지만 수면학습은 의식적 행동에 영향을 주지 못합니다.[14] 오히려 후속 학습을 방해한다는 연구 결과는 있습니다.[15] 수면은 정보가 장기 기억으로 들어가는 데 큰 영향을 미칩니다. 오히려 숙면을 방해하는 자극을 없애는 것이 공부에 더 유리하죠. 그러므로 잠자는 시간을 줄여서 공부하는 것은 결코 좋은 방법이 아닙니다. 수면 부족은 정보 처리에 부정적인 영향을 미칠 뿐만 아니라 공격성을 증가시키는 등 여러 가지 인지적·정서적 문제까지 야기합니다.[16] 특별한 경우가 아니라면, 규칙적으로 하루에 7~8시간 자고, 깨어 있는 시간을 효율적으로 쓰는 것이 바람직합니다.

혹시 숙면을 위해 ASMR 영상을 시청해본 적이 있나요? ASMR은 자율감각쾌락반응autonomous sensory meridian response의 약자로, 안정감이나 쾌감을 유발하는 소리를 뜻합니다. 이 소리를 담은 영상이 유행하면서 백색 소음이나, 뇌가 이완 상태일 때 발생하는 뇌파와 동일한 파장의 리듬을 듣는 것이 공부에 좋다는 주장까지 등장했습니다. 이는 굳이 연구 결과를 제시하지 않아도 반박할 수 있습니다. '금은 반짝거린다'라는 사실로부터 '반짝거리니까 금이다'라는 주장을 도출하는 오류와 다를 바 없죠. 실제로 이 주장을 지지하는 학술적 증거 또한 찾아보기 어렵습니다.

## "훈련을 통해 더 잘 몰입할 수 있다?"

하나의 대상에 몰입하면 극도의 생산성을 발휘하여 한계를 뛰어넘을 수 있다고 주장하는 책도 있습니다.[17] 하루 20분에서 시작해 2시간, 주말, 일주일, 한 달씩 시간을 늘려가며 구체적으로 한 문제에만 골몰하면 좋은 아이디어를 산출할 수 있고 가치관에 긍정적인 변화가 일어난다고 말합니다. 이러한 주장은 얼마나 타당한 것일까요?

몰입은 불안이나 지루함에 대비되는 심리적 상태를 가리킵니다. 어떤 방해도 없이 한곳에 완전히 집중하는 걸 뜻하죠. 흔히 자기가 좋아하는 일을 할 때 몰입하기 쉽습니다. 저는 프로그래밍을 하다가 몰입을 경험한 적이 있습니다. 저녁 식사 후 프로그래밍을 시작했는데, 이런저런 시도에도 프로그램이 작동하지 않았습니다. 수정에 수정을 거듭한 끝에 결국 결과물을 만들어냈는데, 시계를 보니 어느새 다음 날 새벽 5시였죠.

유독 몰입이 잘되는 상황이 있습니다. 달성 가능한 수준의 도전, 명확한 목표, 즉각적인 피드백이 있을 때 그렇습니다. 그런데 과연 훈련을 통해 더 쉽게 몰입 상태를 경험할 수 있을까요? 만약 그렇다면 이를 통해 공부 효과가 좋아질 수 있을까요?

안타깝게도 몰입 훈련은 현실성이 없습니다. 애초에 공부 성과도 증명되지 않았고요. 몰입은커녕 짧은 시간 집중하는 것 자체도 어렵습니다. 사람들은 어떤 일을 하든지 그 시간의 30% 이상 잡념에 빠져 있다는 연구 결과가 있습니다.[18] 과제가 너무 어렵거나 너무 쉬울 때는 딴생각을 더 자주하게 됩니다. 한 가지 문제에 대해 5분도 집중해서 생각하기 어려운데, 일부 주장처럼 하루에 20분씩 5회, 2시간, 종일, 심지어 일주일 이상으로 몰입 시간을 늘리는 일이 과학적으로 가능할까요? 불가능한 이야깁니다.

하나의 과제에 오랫동안 빠져드는 일이 반드시 이롭지만은 않다는 연구 결과도 있습니다. 다양한 문제를 출제한 후, 학생들의 수행 능력을 살펴본 연구입니다. 이 중에는 아예 답이 존재하지 않는 문제도 있었습니다. 아무리 노력해도 풀 수 없는 문제죠. 그러나 인내력이 강한 학생일수록 손해를 보는 상황에서도 어려운 문제를 쉽게 놓지 못했습니다. 이런 경우 다른 문제를 풀 시간을 확보하지 못해 전체적인 수행 성과가 낮았습니다.[19] 지나친 끈기 때문에 큰 기회비용을 잃은 셈입니다. 몰입보다 더 중요한 것은 이 문제가 정해진 시간 내에 풀 수 있는 문제인지, 그리고 시간을 투자해서 풀 가치가 있는 문제인지를 정확히 판단하는 메타인지 능력입니다. 그렇지 않다고 판단했을 때는 빨리 포기하고 다른 문제와 씨름하는 융통성을 발휘해야 하죠.

물론 어렵고 도전적인 문제를 푸는 데는 당연히 오랜 시간이 듭니다. 적절한 난도의 문제를 오랫동안 고민하는 일은 효과가 좋습니다. 비록 실패하더라도 그 과정에서 배우는 것이 있어 문제를 해결하는 능력을 키울 수 있죠. 그러나 도저히 해결되지 않는 문제가 있을 때는 이 문제에 좀 더 몰두할지, 아니면 쉬운 문제부터 해결할지 판단해야 합니다. 몰입을 강조하면 그런 선택의 기회가 없어집니다.

세상은 복잡하고 우리에게 주어진 문제는 너무 많습니다. 시험을 칠 때는 수십 개의 문항이 눈앞에 놓여 있고, 회사에서 일을 할 때도 여러 개의 프로젝트를 동시에 관리해야 합니다. 그럴 때는 내가 당장 해결할 수 있는 것, 해결해야 하는 것들로 우선순위를 정해야 하죠. 어려운 문제에 발이 묶여 다른 쉬운 문제를 놓치는 것은 너무나도 당연한 손실입니다. 맹목적으로 하나에 몰입하는 것은 결코 좋은 전략이 아닙니다. 특히 공부할 때는 낮은 난도에서 점차 수준을 높여가며 문제를 해결하는 것이 동기 부여와 해결 전략 습득에 더 효과적입니다. 몰입을 하나의 목표로 주장하는 사람들은 생각하기, 그것도 오랫동안 집중적으로 생각하기를 강조합니다. 이 방법의 한계는 이미 오래전에 공자가 지적했죠. "배우되 생각하지 않으면 남는 것이 없고, 생각하되 배우지 않으면 위태롭다."

# 사회의 속임수

## "학습유형에 맞는 공부법이 따로 있다?"

몇 년 전부터 엄청난 인기를 끌고 있는 MBTI, 즉 마이어스-브릭스 유형 지표Myers-Briggs Type Indicator는 다들 잘 알고 있을 겁니다. 이 성격 검사는 유행을 넘어 일상이 되었는데요. 처음 만난 사람의 성격을 파악하기 위해 MBTI를 묻는 것은 물론, 아르바이트를 채용할 때도 MBTI를 따지는 사람들이 있습니다.

어떤 학자는 성격유형에 따라서 학습유형까지 분류할 수 있다고 말합니다. 실제로 MBTI를 바탕으로 한 검사를 비롯해 많은 학습유형 검사가 개발되어 사용되고 있죠. 이에 맞추어 공부하면 좋은 성과를 얻을 수 있다는 주장은 왠지 일리가 있어 보입니다. 과연 그럴까요? 영국의 교육학자인 프랭크 코필드Frank Coffield와 동료들은 MBTI를 포함하여 13개의 학습유형 검사를 분석했습니다.[20]

MBTI는 모녀 사이인 캐서린 브릭스Katharine Briggs와 이저벨 마이어스Isabel Myers가 심리유형을 구분했던 칼 융Carl Jung의 이론을 기반으로 만든 성격 검사입니다. 관심의 방향에 따라 외향성extraversion, E-내향성introversion, I, 인식하는 방식에 따라 감각

sensing, S−직관intution, N, 판단의 근거에 따라 사고thinking, T−감정 feeling, F, 선호하는 생활양식에 따라 판단judging, J−인식perceiving, P 의 네 차원을 구분하고, 이 네 차원을 결합하여 16가지 유형으로 성격을 분류합니다.

이 검사는 신뢰도 측면에서는 최소한의 기준을 만족시킵니다. 측정 결과가 일관되게 나온다는 뜻입니다.[21] 그러나 이 측정치가 성격이나 학습유형을 실제로 잘 나타내고 있는지는 또 다른 문제입니다. 분석 결과 이 검사는 성격을 잘 측정하지 못했고, 공부 성과 또한 제대로 예측해내지 못했습니다.[22]

이 검사의 문제점은 융의 이론에서 비롯됩니다. 애초에 융이 제안한 성격 분류 체계에는 논리적·경험적 근거가 없기 때문이죠. MBTI는 나와 상대방을 이해할 수 있는 일상적 지표지만, 교육이나 업무 현장에서 활용할 만큼 과학적인 근거를 가지고 있지는 않습니다.

미국의 교육학자 데이비드 콜브David Kolb가 제시한 학습유형 분류 체계도 있습니다. 그는 정보를 지각하는 방식을 구체적 경험과 추상적 사고로, 정보를 처리하는 방식을 능동적 실험과 반성적 관찰로 각각 구분했습니다. 그리고 이를 기준으로 학습유형을 조절형, 발산형, 수렴형, 동화형으로 나누었습니다. 같이 한번 살펴보죠.

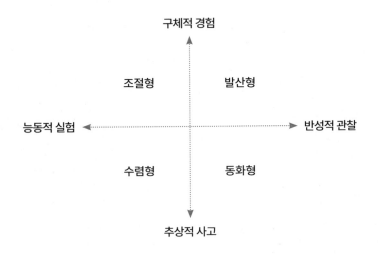

그림 1. 콜브의 학습유형 분류 체계

먼저 조절형 학습자는 직접 행동하며 구체적인 정보를 얻는 유형입니다. 적극적인 행동 대장인 셈이죠. 마찬가지로 발산형 학습자도 구체적인 경험을 통해 정보를 지각하지만 직접적인 행동보다는 관찰과 사고를 통해 정보를 처리합니다. 머리로 생각하는 걸 더 좋아하는 겁니다. 창의적인 아이디어를 제시하는 능력이 탁월한 유형이죠. 수렴형 학습자는 추상적인 아이디어를 실용적인 문제에 적용하는 것을 좋아합니다. 동화형 학습자는 추상적인 개념을 더 잘 받아들이고, 깊이 생각하는 것을 좋아하는 유형입니다. 정보를 조직해 이론을 만들어내는 걸 잘할 겁니다. 어쩌면 가장 천재적인 사람이 아닐까 싶기도 하네요.

여기까지 제 설명을 들으면서 여러분은 자신이 어느 유형에 해당하는지 가늠해보셨을 겁니다. 공감하는 부분도 꽤 있었을 거고요. 교육학자가 말했다니 뭔가 믿음직스러워 보이기도 합니다. 그러나 이 제안을 뒷받침할 만한 증거는 아직 없습니다. 학습유형에 맞는 방식과 그렇지 않은 방식으로 공부했을 때 성과의 차이를 밝혀내지 못했거든요. 게다가 유형을 진단하는 검사가 측정치들 사이의 인과 관계를 제대로 설명하지 못하거나, 검사를 다시 진행했을 때 일관된 결과를 보여주지 않았습니다. 타당도, 신뢰도 같은 심리측정학적 기준을 충족하지 못한 것이죠.[23] 13개의 학습유형 검사를 분석했던 코필드뿐만 아니라 다른 연구자들도 학습유형을 실제 교육 현장에 적용할 과학적 근거가 없다는 데 동의합니다.[24]

그럼에도 사람들이 학습유형에 관심을 기울이는 이유는 무엇일까요? 이는 바넘 효과Barnum effect로 설명할 수 있습니다. 보편적인 설명이 자기에게만 적용된다고 착각하는 경향을 뜻하죠. 성격 검사를 대충 만들어서 실시한 다음, 결과와 무관하게 미리 만들어놓은 내용만 보여주더라도 대부분의 사람들은 그 내용이 자신의 성격을 잘 설명한다고 느낍니다.

특별할 것 없는 내용에도 자신을 투영해서 보는 판에, MBTI의 해석은 여러분이 문항에 반응한 내용을 유형화하여 재진술한 것이기 때문에 더 잘 들어맞는 것처럼 보일 수밖에 없습니다.

게다가 실증적인 근거가 부족한 상황에서는 약간의 개연성만을 갖춘 주장도 큰 영향력을 가집니다. 예를 들어, 재판에서 배심원들이 판결할 때[25]나 아주 드물게 일어나서 확률 추정이 어려운 불확실한 상황에서 결정해야 할 때[26]는 그럴듯한 이야기에 큰 영향을 받는다는 연구 결과도 있죠.

확실하지 않은 이야기에 속지 않으려면, 누가 그런 주장을 하고 그 증거가 무엇인지를 자세히 알아보아야 합니다. 성인이 되어서도 계속 공부해야 하는 이유 또한 여기에 있죠. 공부는 우리 각자가 중요하게 생각하는 영역에서 이렇게 꼼꼼히 따져보는 힘을 키우는 활동입니다.


### "하나의 주제를 오랫동안 공부하는 게 좋다?"


여러 화가의 그림 양식을 공부한다고 가정해봅시다. 어떤 순서로 공부해야 할까요? 두 가지로 나눌 수 있을 겁니다. 먼저 한 화가가 그린 모든 그림을 공부하고 다음 화가로 넘어가는 방법이 있겠죠. 또 다른 방법으로는 여러 화가의 작품을 하나씩 병렬적으로 감상하면서 공부할 수도 있고요. 학습 이론에서는 전자를 '묶음 학습', 후자를 '섞음 학습'이라고 합니다. 많은 학생들이 묶음 학습을 선호합니다. 한 작가의 작품을 집중적으로 공부하면 그 작가의 작품 양식을 빨리 파악할 수 있으니까요.[27] 하지만 이 방법에는 의외로 치명적인 단점이 있습니다. 빨리 배운 만큼 망각 속도도 빠르다는 것이죠. 반대로 다양한 작품을 섞어서 공부하면, 각 그림의 비교와 대비를 통해 차이를 파악하게 되고 그 과정에서 내용을 여러 번 복기할 수 있습니다. 정보가 머릿속에 더 오래 머무르기 때문에 기억 유지에 긍정적인 영향을 미치게 됩니다.

시험을 준비하면서 여러 과목을 공부할 때 어떻게 계획을 세울지 고민해본 적이 있을 겁니다. 이때도 마찬가지로 과목을 섞어서 공부하는 게 좋습니다. A, B, C 세 과목을 6시간 동안 공부할 경우, 각 과목을 집중적으로 2시간씩 공부하지 않고 A, B, C, A, C, B와 같은 구성으로 한 시간씩 나누어 공부하는 게 훨씬 더 좋습니다.

인지심리학에서는 기억 과정을 설명할 때 부호화-저장-인출을 이야기합니다. 부호화는 새로운 정보를 머릿속에 입력하는 과정, 저장은 입력된 정보를 보관하는 과정, 인출은 저장되어 있는 정보를 다시 밖으로 꺼내는 과정이죠. 지식을 제대로 활용하려면, 특히 부호화와 인출이 중요합니다. 대학교에서 스페인어 수업을 들은 학생을 대상으로 10년, 20년 심지어 50년 후 단어 시험을 실시한 연구가 있습니다. 학창 시절에 A를 받은 사람들이 C를 받은 사람보다 나중에도 더 높은 점수를 받았습니다.[28] 처음에 잘 공부해둔 학생, 그러니까 정보를 잘 부호화해놓은 학생이 그렇지 않은 학생보다 배운 내용을 더 많이 기억하는 것이죠.

섞음 학습은 다양한 맥락에서 조금씩 다른 방식으로 부호화가 일어나게 합니다. 따라서 나중에 맥락이 조금 달라져도 정보가 쉽게 인출될 가능성이 높아집니다. 배운 내용을 더 잘 떠올릴 수 있다는 뜻입니다. 따라서 배운 내용을 오래 기억하고 싶다면 묶음 학습보다는 섞음 학습 방식으로 계획을 짜보세요.

### "일타강사에게 배우면 성적 상승은 당연하다?"

몇 년 전, '일타강사', 즉 '1등 스타 강사'의 수업을 등록하고자 새벽부터 줄을 선 학부모들의 모습이 화제가 되었습니다. 줄을 대신 서주는 아르바이트 자리까지 생겨났죠. 학원가뿐만 아니라 대학에서도 인기 있는 교수의 강의를 들으려면 서둘러 수강 신청을 해야 합니다. 일타강사의 인기 비결 중 하나는 바로 언변이죠. 어려운 내용도 쉽게, 재미없는 내용도 재미있게 가르치는 명강사의 수업은 듣기만 해도 저절로 성적이 오를 것만 같은 기분이 듭니다. 과연 실제로도 그럴까요?

샤나 카펜터Shana Carpenter와 동료들은 강사의 강의력이 학습 성과에 미치는 영향을 조사했습니다. 같은 내용을 동일한 강사가 가르치되, 한 반에서는 강의 노트를 보면서 더듬거리며 가르쳤고 다른 반에서는 유창하게 가르쳤습니다. 설문조사 결과, 유창한 강의를 들은 학생들은 그렇지 않은 강의를 들은 학생보다 훨씬 더 많이 배웠다고 응답했습니다. 그러나 실제로 두 집단의 시험 점수는 차이가 없었습니다.[29] 느낌과 달리 실력이 크게 향상되지 않았던 겁니다.

이런 착각은 지식뿐만 아니라 기술을 습득하는 경우에도 생깁니다. 예를 들어 미국의 유명 가수 마이클 잭슨Michael Jackson의 트레이드마크인 문워크moonwalk 춤은 쉽게 익히기 어렵죠. 그런데 사람들은 잘하는 사람의 동작만 보고는 자신도 쉽게 해낼 수 있을 거라고 착각합니다.[30] 직접 시도해봐야만 춤이 얼마나 어려운지 깨닫게 되죠. 어려운 기술을 쉽게 해내는 사람들을 보면 자신감이 생기지만 그 자신감에는 근거가 없습니다. 흔히 '근자감'이라고 하죠? "누군가가 하는 일이 쉬워 보인다면 그건 그 사람이 일을 잘하고 있다는 증거다"라는 말도 있습니다. 그러니 유명한 강사의 수업에 너무 의존하지 마세요. 누구의 강의를 듣는지보다 스스로 얼마나 적극적인지가 더 중요합니다.

이와 관련해 하버드대 물리학과 학생들을 대상으로 한 연구를 같이 한번 보겠습니다.[31] 이 연구에서는 수업 방식을 둘로 나누었는데요. 수업 시간 내내 강의만 듣는 수동적 방식, 그날 배울 내용과 관련된 문제를 팀원들과 풀어본 다음 강의를 듣는 능동적 방식으로 구분했습니다. 그리고 두 집단의 학생들에게 두 가지 수업 방식을 모두 경험하도록 했습니다. 수업 후 진행한 설문조사에서 학생들은 수동적 방식으로 수업을 들었을 때 더 즐거웠고 더 많이 배웠다고 응답했습니다. 그러나 실제 시험 점수는 능동적 방식으로 배웠을 때 더 높았죠. 이미 충분히 뛰어난 능력을 지닌 학생들에게도 스스로 무언가를 탐구하고 배워가는 과정은 어렵습니다. 제대로 잘하고 있는지 알려주는 사람이 없을 때는 더 막막하고 불안하죠. 그러나 공부 성과는 그런 불안을 이겨낼 때 비로소 나타납니다.

## "에듀테크를 활용하면 더 효과적으로 공부할 수 있다?"

컴퓨터와 정보통신 기술을 교육에 활용하려는 시도는 꾸준히 이어져왔습니다. 이러한 노력의 결과로 에듀테크edu-tech가 유행하고 있습니다. 에듀테크는 교육education과 기술technology의 합성어죠. 기술의 발전 덕분에 학생들은 학습 내용을 공감각적으로 체험할 수 있게 되었습니다. 2차원의 교과서로만 수업하는 시대는 지났습니다. 과학 시간에는 3차원 이미지로 원하는 부분을 확대·축소하며 뇌의 구조를 파악하고,[32] 체육 시간에는 학생들의 움직임을 컴퓨터로 분석하여 효과적인 피드백을 제공할 수도 있죠. 이처럼 에듀테크는 교재만으로 설명하기 어려운 부분을 실사 형태로 보여주거나 추상적 개념을 구체화하는 데 상당히 유용합니다.

하지만 에듀테크가 공부에 미치는 영향을 정리한 최근 논문에 따르면, 정보통신 기술이 일차적인 정보 전달 도구로 사용될 때는 학습에 거의 영향을 미치지 않았습니다. 효과가 있더라도 제한적이죠. 효과적인 공부 원리에 따라 사용될 때만 긍정적인 영향을 발휘했던 겁니다.[33] 이에 대해서는 3강에서 자세히 다루겠습니다.

게이미피케이션gamification은 게임 요소를 교육과 접목하려는 에듀테크의 한 유형입니다. 게임은 중독을 유발할 정도의 흡인력을 가졌으니, 게임하며 노는 동안 학습이 이루어진다면 얼마나 좋을까요? 하지만 한 영역에서의 학습이 다른 영역의 학습으로 연결되지 않는다는 여러 연구 결과를 고려하면, 그런 일이 일어날 가능성은 매우 낮습니다. 즉 놀이는 놀이일 뿐이고 공부는 공부일 뿐이기 때문에 둘의 성공적인 조합은 매우 어렵습니다. 재미있게 공부한다고 효과가 좋아지는 것은 허상입니다. 쉬운 공부란 없습니다. 공부는 불편하고 힘든 과정입니다.

재미를 위해 만들어진 만화나 영상 혹은 디지털 북도 효과는 크게 없습니다. 읽는 시간이 동일하다면 만화보다는 글을 읽는 것이 더 낫지만 사실 둘 사이에 큰 차이는 없습니다.[34] 만화가 학습에 도움이 된다고 느끼는 건 반복해서 읽기 쉬워서일 가능성이 큽니다. 만화로 핵심 개념을 설명하면, 이해 수준이 낮은 아동·청소년이나 이제 막 새로운 분야에 흥미를 느낀 입문자들에게 도움이 되긴 할 겁니다.

그러나 부작용도 있습니다. 영상을 많이 접하는 아동일수록 시각적 이미지를 스스로 형성하는 능력이 떨어집니다. 문자를 시각적 이미지로 변환하여 만들어내는 것은 학습 능력을 키우는 데 중요한 활동입니다. 그 능력을 발달시키는 데 도움이 되지 않는다면 좋은 공부법이 아니죠. 게이미피케이션도 마찬가지입니다. 게임과 공부를 접목하는 것이 어느 정도 효과가 있을지라도 반대로 사고력이나 상상력은 줄어들 수 있습니다. 한쪽에서 이득을 얻으면 다른 하나는 잃게 되는 제로섬 게임인 셈입니다.

에듀테크가 실제 교육을 어떻게 바꾸어나갈지 예측하기는 어렵습니다. 실험실 조건에서 연구 결과가 긍정적이더라도, 실제 교육 현장에서는 다양한 변수가 개입해 효과가 없는 경우도 많습니다. 지금 이 순간에도 기술의 발전 속도는 너무 빨라서 더더욱 미래 교육을 예측하기가 쉽지 않습니다. 컴퓨터 기술이 기존의 교육을 획기적으로 바꾸게 될까요? 많은 데이터를 바탕으로 관찰과 연구가 필요한 주제입니다.

## 광고의 속임수

"교육의 주요 이점은 속아 넘어가지 않게 한다는 것이다."[35] 미국의 철학자이자 교육자인 존 듀이John Dewey는 교육의 목적이 비판적 사고력 강화에 있다고 단언했습니다. 어떤 주장을 맹목적으로 받아들이지 않는 능력이죠. 비판적 사고의 중요성은 아무리 강조해도 지나치지 않습니다. 예나 지금이나 황당한 이야기에 속아 넘어가는 사람이 많습니다. 가짜 뉴스, 위조 상품, 사기가 흔한 세상에서 비판적 사고력을 갖추는 일은 안전한 삶을 유지하는 데 꼭 필요한 것이죠.

유클리드Euclid라는 이름으로 알려진 고대 그리스의 수학자 에우클레이데스Eukleides는 기하학을 더 쉽게 배울 방법이 없냐고 묻는 이집트의 왕 프톨레마이오스Ptolemaeos 1세에게 "기하학에는 왕도가 없다"라고 말했습니다. 하지만 오늘날에도 여전히 쉽고 효율적인 공부의 지름길을 이야기하는 글과 책이 쏟아져 나오고 있습니다. 주로 저자가 직접 경험하거나 관찰한 성공 사례를 제시하죠. 물론 그런 주장을 하는 사람에게는 효과가 있었겠지만 누구에게나 같은 효과가 나타나리라 기대할 수는 없습니다. 효과를 본 사람이 뛰어났기 때문일 수도 있고, 효과가 드러난 사례만 선별해서 제시한 것일 수도 있습니다. 성공 사례를 무턱대고 믿었다가는 '성급한 일반화의 오류'를 범하기 쉽죠. 오류를 대비하기 위해 확인해야 할 것들은 다음과 같습니다.

우선 공부법을 제시하는 사람이 그 분야의 전문가인지 살펴보세요. 저자가 미디어에 자주 등장하는 사람, 유명 대학 교수나 베스트셀러 작가라는 점에 현혹되지 마세요. 강의 경력이 길다거나 제자 가운데 성공한 사람이 있다는 것으로는 불충분합니다. 대신 이들이 내세운 공부법이 객관적으로 검증된 것인지를 따져보세요. 특별하거나 예외적인 한두 사람이 아니라 충분히 많은 참여자를 대상으로 특정 방법과 기존의 일반적인 방법을 적용한 다음 그 결과를 비교한 연구가 필요합니다. 가짜 공부법과 진짜 공부법의 차이는 바로 여기에서 생깁니다. 이를 알아보기 위해서는 다음과 같은 질문을 던져보아야 합니다. "다른 방법에 비해 더 좋다는 증거는 무엇인가?", "그 증거의 타당성은 누가 어떤 방식으로 검증했나?"

이 질문을 학원 광고에 적용해보죠. 학원을 선택할 때 합격자 수가 중요할까요? 아니면 합격률이 중요할까요? 주로 학원에서는 합격자 수를 내세워 원생을 모집합니다. 그러나 실제로는 상대적인 수, 즉 비율이 더 중요합니다. 100명 중 10명이 합격한 학원보다, 20명 중 10명이 합격한 학원이 더 낫습니다. 합격률 10%와 50%의 차이죠. 그렇지만 어느 학원에 다닐지 고민하기 전에 먼저 과연 학원 자체가 합격률에 영향을 미치는지도 따져보아야 합니다. 예를 들어 어떤 학원에 다닌 100명 중 10명이 합격했는데, 학원에 다니지 않은 1,000명 중 105명이 합격했다면, 굳이 시간과 돈을 들여 그 학원에 다닐 이유가 없겠죠? 이런 자료를 얻으려면 심도 있는 조사가 필요한데, 시간과 노력이 많이 들기 때문에 제대로 하기 어렵습니다. 개인적인 조사는 현실적으로 불가능하죠. 그 틈을 노려 학원들은 성공 사례, 합격자 수, 합격률 등을 내세우며 광고합니다.

합격률이 지나치게 높은 곳도 조심해야 합니다. 합격률이 상당히 낮은 시험에서 학원생 10명 중 9명이 합격했다면, 대단히 좋은 학원처럼 보이죠? 그렇지만 이런 성과는 그 학원이 잘 가르쳐서라기보다, 애당초 우수한 학생만 선별해 가르친 결과일 수도 있습니다. 광고는 보이는 것만 부각하고 그 이면을 숨길 때가 많으니 잘 따져보아야 합니다.

✳

이번 강의에서는 우리를 위협하는 가짜 공부법에 대해 알아봤습니다. 유혹에 빠지지 않으려면 가짜 공부법을 잘 알고 있는 것도 중요하지만, 우선 공부는 어려운 일이라는 사실을 받아들이는 것이 가장 중요합니다. 뭔가를 제대로 배우려면 어려움을 겪을 수밖에 없습니다. 그러나 어려움을 이겨내면 많은 지식을 얻고 넓은 시야를 가질 수 있습니다.

어떤 사람들은 산에 오르면서, 어떤 사람들은 수학 문제를 풀면서, 그리고 또 다른 사람들은 글을 쓰면서 자신의 한계에 도전합니다. 여러분에게 도전은 무엇인가요? 조금씩 나아가며 도전의 의미를 찾아보세요. 자신감도 커질 겁니다. 불편한 느낌 때문에 포기하고 싶은 마음은 당연합니다. 그러니 두려워하지 말고 일단 해보세요. 힘들 거라는 선입견 때문에 불편하게 여겼던 공부도 막상 도전해보면 할 만하다는 것을 느낄 수 있을 겁니다.

# 얕은 공부, 깊은 공부

✻

인생은 끝없는 시험과 도전의 연속입니다. 학교 내신, 수능, 자격증 시험, 입사 시험, 승진 시험… 답답한 마음에 선배나 선생님께 조언을 얻거나 유튜브에 시험 노하우를 검색해본 경험이 한 번쯤 있을 겁니다. 온갖 매체에서 '성공'을 강조하며 수능 만점자, 명문대생, 의사, 변호사의 공부법을 소개합니다. 이들이 전하는 이야기는 정말 매력적입니다. 하지만 이번 강의에서 제가 설명할 효과적인 공부법과는 거리가 멉니다. 여기서 효과적이라는 건 단순히 문제를 더 효율적으로 푼다는 뜻이 아닙니다. 같은 시간 동안 공부하더라도 배운 내용을 더 오래 기억하고, 이후의 다른 공부에도 긍정적인 영향을 미친다는 의미입니다. 어떤가요, 솔깃하지 않나요? 학습과학과 인지심리학적으로 검증된 공부법이니 믿고 따라하셔도 좋습니다.

# 지식이라는 바다

흔히 지식을 바다에 비유하곤 합니다. 『지적 대화를 위한 넓고 얕은 지식』이라는 책 제목처럼 얕은 지식이 있는가 하면 또 깊은 지식도 있죠. 이러한 표현은 실제로 학계에서도 쓰입니다. 바로 이 지식의 깊이에 따라 효과적인 공부법이 달라집니다.

얕은 지식shallow knowledge은 특정 영역에 대한 주요 용어의 정의나 의미 이해, 특정한 과제를 수행하는 기본적인 기술과 절차 등을 가리킵니다. 이제 막 대학교에서 학문을 배우기 시작한 여러분이 개론 수업을 듣는 정도의 수준이라고 생각하면 쉬울 겁니다. 깊은 지식deep knowledge은 특정 분야 내에서 실제 전문가들이 처리하는 수준의 정보를 의미합니다. 복잡한 기술적 자료 이해, 여러 시스템에 대한 사고 체계 구축, 문제해결에 필요한 지식 인출, 주장과 논리의 타당성 검토 및 모순 해소, 도구나 장치 개발까지 모두 깊은 지식에 해당합니다.[1] 기술이 발전할수록 우리는 더 쉽게 얕은 지식에 접근할 수 있습니다. 이에 발맞춰 인간이 나아가기 위해서는 더욱더 깊은 지식에 집중해야겠죠.

그동안 학습과학 연구자들은 주로 얕은 지식 공부법을 위주로 연구해왔습니다. 깊은 지식보다 얕은 지식을 연구하는 것이 훨씬 수월하기 때문입니다. 깊은 지식을 위한 공부법은 상대적으로 효과를 검증하는 과정이 복잡하기 때문에 관련 연구가 많지 않습니다. 연구를 진행하는 데에도 오랜 시간이 걸리고요. 얕은 바다에서 헤엄치는 것은 쉽지만 깊은 곳에서 수영하려면 많은 준비가 필요합니다.

이러한 연구 동향은 미국 교육부 산하 기관인 학습과학연구소Institute of Education Sciences, IES가 제시하는 교육 현장 실무 가이드에서도 발견할 수 있습니다. 2007년에 발표한 「학습 개선을 위한 교수·학습 방법 조직화」에서는 총 7개의 가이드라인을 제시합니다. 7개 가운데 6개는 얕은 지식, 나머지 1개는 깊은 지식을 위한 교수·학습 전략입니다.[2] 이 중 현재 학계에서 의견이 분분한 내용[3]을 제외하고 하나씩 살피려고 합니다.

사실 대학생은 물론 교수나 강사들도 효과적인 공부법을 잘 모릅니다. 미국의 캘리포니아대 로스앤젤레스University of California, Los Angeles, UCLA 학생 472명과 켄트주립대 학생 324명을 대상으로 진행한 설문조사에 따르면, 두 집단에서 공부법을 배워서 사용하는 학생들은 각각 20%, 36%에 불과했습니다. 앞으로 함께 살펴볼 과학적으로 검증된 공부법을 제대로 실천하는 학생의 비율은 절반을 넘지 못했죠.[4]

대학 강사나 예비 교사도 별반 다르지 않았습니다. 켄트주립대 교수와 강사 147명을 대상으로 한 설문조사 결과에 따르면, 이들은 학생들보다 효과적인 공부법을 더 많이 알고 있긴 했지만 큰 차이는 없었습니다. 한 가지 신기한 점은 공부법을 가르쳤다고 답한 강사의 비율이 86%로, 공부법을 배웠다고 이야기한 학생의 비율보다 무척 높았다는 점입니다.[5] 교수자들이 나름대로 공부법을 가르치지만 정작 학생들은 공부법을 잘 알지도, 실천하지도 못하고 있는 겁니다. 여러분은 어떤가요? 효과적인 공부법을 얼마나 잘 알고 있나요? 이번 강의에서 한번 확인해봅시다.

## 얕은 지식을 위한 가이드

### "시간을 두고 반복하라"

시험을 앞두고 한 과목을 집중적으로 공부해 시험 범위를 다 살펴본 순간을 경험한 적 있나요? 짧은 시간 안에 많은 걸 이뤄냈을 때의 성취감은 이루 말할 수 없죠. 이렇게 한 번에 몰아서 공부하는 방법을 집중학습이라고 합니다. 이에 대비되는 방법은 분산학습인데요. 예를 들어 한 과목을 4시간 동안 몰아서 공부하는 게 집중학습이라면 분산학습은 같은 내용을 하루 1시간씩 4일에 걸쳐 공부하는 겁니다. 집중학습은 분산학습에 비해 많은 내용을 빨리 학습할 수 있다는 장점이 있습니다. 시험이 임박했을 때는 집중학습이 가장 효율적이겠죠. 하지만 이 방법은 실질적인 실력 향상에 별로 도움이 되지 않습니다. 우리 뇌는 집중학습으로 배운 내용을 급속히 망각하거든요. 기억은 반복해서 인출할수록 다음 인출이 더 쉬워진다는 특징이 있습니다. 특히 학습을 반복하는 시간의 간격이 길수록 우리 뇌는 오랫동안 정보를 기억합니다. 학습 회기는 주 단위나 월 단위로 분산하는 것이 가장 이상적인데요. 상황에 맞게 시간 단위로만 회기를 나누어도 충분합니다.

그렇다면 공부를 한 다음 언제 시험을 보는 것이 가장 좋을까요? 좋은 점수를 받고 싶다면 공부한 직후에 보는 것이 좋겠죠. 하지만 제대로 배웠는지 확인하고 싶다면 다음 날 혹은 다음 주에 보는 것을 추천합니다. 공부가 부호화의 과정이라면 시험은 이를 인출하는 활동입니다. 부호화와 인출 간의 간격이 짧으면, 정보를 부호화하기도 전에 인출해야 하기 때문에 정보를 제대로 저장하기 어려워집니다. 그러므로 공부한 내용을 잘 기억하려면 부호화와 인출 간에 충분한 시간차가 필요합니다. 만약 오늘 20개의 단어를 외웠다면, 3일 혹은 7일 후 시험을 본 다음 틀린 단어를 다시 외우고, 2주 후 그리고 5주 후로 점차 시간

간격을 두어 반복해서 시험을 본 후 틀린 것을 확인해나가는 것이 좋습니다. 그래야 인출 과정에서 정보를 재활성화하고 기억을 강화할 수 있습니다. 공부한 내용을 오래 기억하려면, 관련된 활동을 모아서 한 번에 끝내려 하지 말고 나누어서 꾸준히 공부해야 합니다.

계속해서 새로운 내용을 공부하는 한편 시험을 통해 공부한 것들을 점검하는 과정에서 지식은 쌓여갑니다. 활용하지 않는 정보는 쉽게 망각됩니다. 오랫동안 만나지 않은 친구들의 이름이 잘 기억나지 않고, 배운 지 오래된 지식이 기억나지 않는 건 당연합니다. 다시 한번 강조하지만 지식 습득과 활용 간의 균형을 이루는 공부를 하기 바랍니다. 처음에는 더딘 듯해도 어느 정도 지식이 축적되면 가속도가 붙을 겁니다.

## "예제라는 힌트를 놓치지 마라"

1강에서 살펴본 연구 사례에 따르면, 장난감 작동법을 스스로 터득한 아이들이 놀이에 더 흥미를 보였습니다. 이 사례를 바탕으로 다음 문제를 생각해봅시다. A, B 두 학생이 있습니다. A는 풀이 과정이 나와 있는 4개의 예제, 그리고 예제와 연결된 4개의 실전 문제를 풀었고, B는 예제 대신 8개의 실전 문제를 직접 풀어보았다고 합시다. 두 사람이 시험을 보면 누가 더 나은 성과를 보여줄까요?

많은 분들이 B가 더 많은 것을 배우고 더 좋은 성과를 보여줄 거라고 생각합니다. 혼자서 생각하고 탐구할 기회가 더 많았으니까요. 그러나 그렇지 않습니다. 예제를 공부하고 그와 연결된 실전 문제를 교차로 풀어본 학생이 더 깊이 공부한다는 연구 결과가 있거든요. 어떻게 된 일일까요? 이 책의 1강에서 자기주도적인 공부를 강조했었는데, 여기서는 전혀 다른 이야기를 하고 있으니 말입니다.

사실 예제는 문제의 정답을 미리 알려주는 것과 조금 다릅니다. 풀이할 때 필요한 가장 기본적인 힌트에 가깝습니다. 그러니 직접 문제를 풀 때는 이 힌트를 발판 삼아 더 어려운 문제를 풀어나갈 수 있습니다. 그래서 예제와 문제를 교차해서 공부하는 방법이 문제해결력을 높이는 데 큰 역할을 하죠. 제가 1강부터 열심히 설명했던, 지식의 습득과 활용이 아주 적절한 균형을 이루는 상태가 바로 이런 것입니다. 모르는 문제를 혼자서 끙끙대며 붙잡고 있는 것이 꼭 좋은 것만은 아니라는 이야깁니다.

예를 들어 $(a+b)^2$을 전개하는 문제가 있다고 해봅시다. 한 집단의 학생들에게는 바로 풀게 하고 다른 집단 학생들에게는 다음과 같은 예제를 먼저 공부하게 했습니다.

$$(a+b)^2$$

$$=(a+b)(a+b)$$

$$=a^2+ab+ba+b^2$$

$$=a^2+ab+ab+b^2$$

$$=a^2+2ab+b^2$$

그다음 두 집단에게 $(a+b+c)^2$을 풀게 하면, 풀이된 예제로 공부한 집단이 더 잘 풉니다. 웬만한 수학 문제집을 보면 문제의 풀이가 적혀 있는 예제와, 직접 학생이 풀어볼 수 있는 연습 문제로 구성되어 있죠. 특히 수학을 비롯한 이공계 과목을 공부할 때는 풀이 과정이 상세히 서술된 예제를 활용하면 학습이 쉬워질 뿐 아니라 성취도도 높습니다.

## "언어와 그림의 경계를 뛰어 넘어라"

하나의 그림은 만 단어의 가치를 지닌다는 말이 있습니다. 실제로 그래프, 그림, 표 등의 시각 자료는 상당히 많은 내용을 효과적으로 압축하는 데 도움이 됩니다. 과학 학술지에는 평균적으로 한 페이지에 한 개 이상의 그래프가 수록되어 있습니다.[6] 과학적 탐구 장면에서 그래프, 그림, 표, 그리고 동영상은 효과적인 내용 이해에 훨씬 도움이 됩니다.[7] 혈액순환 과정을 예로 들어보죠. 심장에서 대동맥을 통해 온몸으로 퍼지는 혈액은 산소와 영양분을 각 기관에 전달하고 노폐물을 받은 다음, 정맥을 통해 우심방에 전달됩니다. 노폐물이 많은 혈액은 다시 우심실로 옮겨지고, 폐동맥을 통해 폐로 전달되는데요. 이때 노폐물을 거르고 산소를 공급받은 다음, 좌심방을 지나 좌심실로 향하죠. 그리고 동맥을 통해 다시금 온몸으로 보내집니다. 이상의 설명은 배경지식이 있을 경우 이해하는 데 큰 문제가 없지만, 심방과 심실이 무엇인지 모르는 사람에게는 어려울 겁니다. 이때 그림이나 동영상[8]을 보면 그 과정을 쉽게 이해할 수 있죠.

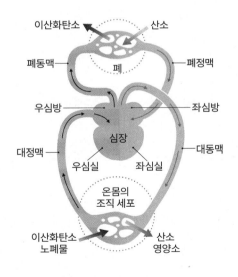

그림 2. 혈액순환 과정

여러분이 읽는 글에 시각 자료가 적절히 있으면 좋겠지만, 그렇지 않을 때는 무조건 찾아보기 전에 글을 바탕으로 직접 그림을 그려본 후 찾은 그림과 비교해보는 것도 좋습니다.

특히 그림보다 그래프나 표를 이해하는 일이 더 어렵습니다. 한 연구 결과에 따르면 전문가들도 친숙하지 않은 형식의 그래프를 이해하는 데 많은 노력을 기울이고, 심지어 그래프를 잘못 해석할 때도 있다고 합니다.[9] 그러므로 초심자라면 그래프의 의미를 이해하는 방법을 익혀 그 내용을 언어로 바꾸어보고, 반대로 글을 그래프로 나타내는 연습도 꾸준히 해보세요.

## "시험 효과를 적극적으로 활용하라"

공부를 해본 사람이라면 누구나 복습의 중요성을 잘 알 겁니다. 앞서 분산학습을 설명하면서도 여러 번 반복하는 게 중요하다고 강조했었죠? 하지만 복습보다 더 강력한 공부 효과를 갖는 게 있습니다. 바로 평가입니다. 시험을 보는 거죠. 우리는 평가의 '결과'에만 집중한 나머지 평가의 '과정'이 공부에 얼마나 큰 역할을 하는지 잘 모르고 있습니다.

결과와 성적을 중요하게 생각하는 한국 사회에서는 평가를 공부의 종착점으로만 여깁니다. 하지만 일평생 계속되는 배움의 과정에서 평가는 현재의 공부와 미래의 공부를 이어주는 역할을 합니다. 우리의 기억을 오랫동안 잡아두고, 이전에 배웠던 내용을 더 잘 떠올리게 해주기 때문입니다. 평가는 그런 목적으로 시행되어야 하는 것이죠. 심리학에서는 이를 시험 효과라고 부릅니다.

이것 역시 연구를 통해 입증된 사실입니다. 강의를 진행한 다음, 3일 후 학생 중 절반은 내용을 복습하게 했고 나머지 절반은 중간 시험을 보게 했습니다. 그리고 7일 후 모든 학생을 대상으로 최종 시험을 실시했습니다. 결과의 정확성을 위해 시험 문제는 모두 새로운 문항으로 구성했죠. 결과는 어땠을까요? 복습을 한 학생들보다 중간 시험을 응시한 학생들이 더 높은 점수를 받았습니다. 그런데 신기하게도 학생들 스스로는 시험 효과를 예상하거나 체감하지 못했습니다. 복습 집단의 학생은 실제 결과보다 자신의 점수를 더 높게 예측했고 시험 집단의 학생들은 반대로 자신의 점수를 더 낮게 예측했습니다.[10] 왜 그랬을까요? 이는 학생들이 심리적 불편감을 기준으로 점수를 예측했기 때문입니다. 복습은 이전에 배운 내용을 다시 확인하는 과정이기 때문에 공부하면서 부담을 적게 느낍니다. 하지만 시험을 볼 때는 배운 내용을 떠올려야 하기 때문에 더 부담이 큽니다. 학생들에게 시험을 보거나 복습을 하게 한 다음, 그 활동이 얼마나 힘들었는지를 0에서 100까지의 숫자로 보고하도록 한 연구가 있습니다. 학생들은 당연히 복습할 때보다 시험을 볼 때 더 힘들어했죠. 그러나 딱 힘들어하는 정도만큼 최종 시험 점수가 높았습니다.[11] 노력한 만큼, 힘든 만큼 실력이 향상된다는 이야기죠. 시험 효과는 2강에서 말했던 "기하학에는 왕도가 없다"라는 에우클레이데스의 통찰을 다시 생각하게 합니다. 공부에 쉽고 편한 방법은 없습니다. 공부가 쉽고 편하지 않을수록 실력은 향상됩니다.

지금까지 미국 학습과학연구소의 보고서에 담긴 얕은 지식 공부법을 살펴보았습니다. 여기에 최근 연구 결과에 기반한 두 가지 공부법을 더 추가해보죠.

## "가르치는 사람이 가장 많이 배운다"

원자폭탄을 만든 물리학자 로버트 오펜하이머Robert Oppenheimer에게는 동생이 한 명 있었죠. 바로 미국의 물리학자 프랭크 오펜하이머Frank Oppenheimer입니다. 그 역시 형처럼 물리학을 공부하고 가르쳤습니다. 그리고 아주 중요한 말을 남겼죠. "가장 좋은 공부법은 가르치는 것이다." 학생들이 누군가를 가르치면 그 내용을 깊게 이해할 수 있다는 연구 결과도 많습니다.[12]

싱가포르국립대 심리학과의 스티븐 림Stephen Lim 교수팀은 대학생을 대상으로 진행한 실험에서, 가르치게 하면 내용에 대한 이해가 깊어져 더 좋은 질문을 던진다는 사실을 알아냈습니다.[13] 가르치는 활동은 자신이 가지고 있는 지식을 끌어내어 자신만의 언어로 적절하게 변형하여 상대방이 이해할 수 있게 설명하는 행위입니다. 이 과정에서 스스로 안다고 착각했지만 실은 제대로 알지 못했던 것들을 파악할 수도 있습니다. 또 혼자 공부할 때보다 상대방을 의식하게 되니 오랫동안 집중할 수 있습니다. 심지어는 실존 인물이 아닌 가상의 대상을 염두에 두고 녹화를 하면서 가르쳐도 효과가 있습니다. 이 방법이 조금 민망하다면 자기 자신을 가르쳐도 됩니다. 스스로를 가르쳐본 다음에 다른 사람을 가르칠 수도 있죠. 복잡하고 어려운 개념이나 문제 풀이 과정을 자신에게 설명하는 이러한 공부법을 자기 설명self-explanation이라 합니다.

애리조나대의 치 교수와 동료들은 학생들이 물리학 예제를 공부하면서 풀이 과정을 소리 내어 설명하게 했습니다. 실전 문제 또한 설명하면서 풀게 한 후 그 내용을 분석했죠. 문제를 잘 푼 학생은 잘 풀지 못한 학생에 비해 자기 설명을 더 많이 사용했고, 스스로 이해했는지 점검하는 말도 더 정확했습니다. 후속 연구에서 연구진은 문제를 풀 때 자발적으로 자기 설명을 할수록 문제를 더 잘 푼다는 것을 발견했습니다. 추후 어려운 문제를 해결할 때도 좋은 성과가 나타났습니다.[14]

자기 설명은 이공계뿐만 아니라, 마케팅, 논증, 비행 기술 분야에서도 성공적으로 활용할 수 있습니다.[15] 중학생은 물론 네 살배기 아이를 대상으로 한 실험에서도 효과를 보였죠. 나이와 분야를 불문하고 누구에게나 통하는 공부법인 겁니다. 자기 설명은 지식을 통합하고 자료의 구조를 파악하게 함으로써 독해 과정에 도움을 줄 뿐 아니라 정보를 더 깊은 수준에서 처리하는 데도 효과적입니다. 물론 예외적인 상황이 있기는 하겠지만 폭넓게 사용할 수 있는 공부법이죠.

## "냉철하게 판단하고 평가하라"

여러분은 공부하다가 졸리면 커피를 마시는 것과 쪽잠을 자는 것 중 어느 쪽을 선택하나요? 카페인에 민감한 사람은 쪽잠을 택하고, 한번 잠들었을 때 깨어나기 어려운 사람은 카페인을 택할 겁니다. 이렇게 자신의 상태와 상황에 따라 선택은 달라집니다.

"거의 모든 지각과 인지 활동은 평가와 관련 있다"[16]라는 말이 있습니다. 우리는 어떤 물체나 현상을 맞닥뜨렸을 때 그것이 좋은지 나쁜지, 안전한지 위험한지 등을 판단합니다. 예를 들어 수업 시간에 친구의 발표를 들으며 그 내용이 참신한지 그렇지 않은지를 즉각적으로 판단하는 것처럼 말이죠. 그리고 발표가 끝나면 피드백을 주기 위해 내용을 찬찬히 살펴보며 어떤 점이 좋거나 아쉬운지 적절한 근거를 들어 정리할 수도 있을 겁니다. 이 과정은 판단을 넘어서 정보를 수집하고 분석해 내리는 평가입니다. 점심 메뉴를 고르는 사소한 일부터 아픈 몸을 치료하기 위해 병원을 탐색하거나, 나의 진로를 위해 어떤 학교로 진학할지 고민할 때도 최선의 평가를 내리기 위해 정보를 수집하고 판단합니다.

때로는 스스로의 상태를 판단할 때도 있습니다. 졸린 걸 알아채고, 더 이상 공부하기 어려울 만큼 졸리면 커피와 쪽잠 중 무언가를 선택하는 상황처럼 말이죠. 이렇게 스스로의 상태를 점검하고 조절하는 능력을 메타인지 능력이라고 합니다. 메타인지의 대상은 자신의 지식 수준, 학습 과정, 사고 과정 등을 모두 포함합니다. 이 능력이 뛰어난 사람은 자신이 아는 것과 모르는 것을 구분할 줄 알고, 모르는 내용을 이해하기 위해 더 많은 노력을 기울입니다. 공부를 잘하는 사람의 특징이죠.

자신의 공부를 평가하는 방법은 여러 가지입니다. 먼저 학습에 대한 판단judgment of learning, JOL은 자신의 시험 점수를 예측하는 방법으로 측정할 수 있습니다. 점수를 예측해본 학생의 시험 점수가 그렇지 않은 학생보다 더 높았다는 연구도 있습니다.[17] 이와 비슷한 확신 판단judgment of confidence, JOC이라는 것도 있습니다. 자신의 반응이 정답일 가능성을 예측하는 겁니다. 기억 판단이라고 해서 스스로 공부 내용을 얼마나 잘 기억할 수 있을지 헤아리는 것을 뜻하는 개념도 있습니다. 설단 현상tip of the tongue phenomenon이라는 것도 있는데요. 공부할 때는 잘 기억할 수 있을 거라고 예상하더라도 막상 시험을 쳐보면 정확한 단어가 생각이 안 나는 상황을 뜻합니다. 이때 알 것 같은 느낌 feeling of knowing, FOK의 정도를 양적으로 나타내는 방법도 있죠.

사람들은 자신이 실제로 알고 있는 것보다 더 많이 안다고 착각합니다. 실제로 알고 있는 영역과 알고 있다고 생각하는 영역의 차이를 최소화하려면 어떻게 해야 할까요? 객관적인 방식으로 자신을 평가해야겠죠? 공부를 하고 나면 어느 정도 이해했는지를 스스로 평가한 다음, 하루 내지 일주일 후에 공부한 내용을 회상하거나 시험을 보고 학습 수준을 판단하는 게 좋은 방법입니다. 하지만 대학생이 되면, 중·고등학교 때와는 달리 시험 대비에 도움을 주는 특별한 문제집이나 모의고사가 없죠. 그래서 스스로를 판단할 지표가 부족합니다. 이럴 때는 스스로 공부하면서 평가 문항을 만들어보는 것을 추천합니다. 동기들끼리 평가 문항을 제작해 공유하면 더 좋고요.

자신뿐만 아니라 타인을 평가하는 것도 공부 효과가 있습니다. 제 실험실에서 타인의 수행을 판단하는 행위가 기억에 미치는 영향을 연구했습니다. 먼저 실험 참가자들에게 학습 경험이 적고 생소한 언어인 스와힐리어 단어 50개를 한국어와 대응시켜 외우게 했습니다. 예를 들면 'fataki-불꽃' 이렇게 말이죠. 그리고 한 집단에게는 '제시된 단어 쌍'이 맞는지 틀렸는지 직접 판단하게 하고 피드백을 제공했습니다. 다른 집단에게는 단어 쌍에 대해 '다른 사람이 판단한 내용'이 맞는지 틀렸는지를 확인하게 하고 그 선택에 대한 피드백을 주지는 않았습니다.

이후 두 집단 모두 과제의 체감 난도를 7점 척도로 평가한 다음, 시험을 통해 제시된 한국어에 상응하는 스와힐리어를 쓰도록 했습니다. 그 결과 타인의 수행을 판단한 사람들이 과제가 더 어렵다고 반응했습니다. 자신의 판단에 대한 피드백이 없으니 누군가의 수행을 섣불리 평가하기가 어렵고 막막했을 겁니다. 그러나 시험에서는 이 집단이 더 높은 점수를 받았습니다.[18] 단어 학습뿐만 아니라 의사결정 과제에서도 동일한 결과가 나왔습니다.[19] 무언가를 판단하고 평가하는 과정 자체가 공부가 될 수 있다는 게 신기하죠? 자기 자신에 대한 것이든 타인에 대한 것이든 평가는 공부 효과를 높이는 좋은 방법입니다.

# 깊은 지식을 위한 가이드

앞서 여러 가지 효과적인 공부 방법을 살펴보았습니다. 인지심리학적으로 굳이 구별하자면 얕은 지식을 위한 공부법들이죠. 얕다고 해서 마냥 실천하기 쉽다는 이야기는 아닙니다만, 공부의 성격을 구분하면 그렇다는 의미입니다.

그런데 얕은 지식이 많다고 해서 깊은 지식의 수준도 함께 높아지는 건 아닙니다. 깊은 지식을 쌓는 것은 또 다른 노력이 필요한 일입니다. 깊은 지식은 어떤 일을 직접 하면서 생기는 문제를 해결할 때 쌓이기 때문에 깊은 지식을 얻고 싶다면 관심 있는 분야의 일에 적극적으로 참여하는 것이 제일 좋습니다.

## "틀리지 않으면 배울 수 없다"

공부는 관심 분야에서 기존에 밝혀져 있는 선행 지식을 이해하는 데서 시작합니다. 하지만 더 중요한 것은 그 지식으로 쓸모 있는 일을 하는 겁니다. 프린스턴대의 화이트헤드 교수도 "박식하기만 한 사람은 이 세상에서 가장 쓸모없는 사람"이라고 말한 바 있습니다. 그러므로 공부의 목적을 지식 습득이 아니라 지식을 활용한 문제해결에 두어야 합니다.

한 걸음 더 나아간 공부를 하기 위해서는 교실 뒤에서 가만히 강의만 듣는 대신 튀는 활동을 해야 합니다. 구체적으로 질문하고, 의심하고, 비판하고, 추측하고, 새로운 주장을 과감히 펼치세요. 이 활동들은 눈치를 많이 보는 학생들에게는 꽤 어려운 일입니다. 한국의 교실 풍경에서는 좀 튀는 일이죠. 하지만 실수나 실패는 최고의 공부 기회입니다. 실패할 줄 아는 사람이 제대로 배웁니다.

컬럼비아대 심리학과의 재닛 멧커프Janet Metcalfe 교수와 동료들은 뉴욕주의 중학생에게 두 가지 방법으로 대수학을 가르친 후 결과를 비교했습니다. 한 집단에서는 8회에 걸쳐 강의를 진행했고, 다른 집단에서는 수업 시간마다 먼저 간단한 시험을 보게 한 다음, 학생들이 틀린 문제에 대해 설명해주었습니다. 그 후 최종 시험을 진행했을 때, 학생들 사이에는 어떤 차이가 있었을까요? 시험에서 틀린 문제 위주로 공부한 학생의 대부분이 최종 시험에서 더 높은 점수를 받았습니다. 선생님이 학생들을 돕는 방식도 중요했습니다. 올바른 풀이법을 가르칠 때보다 학생의 풀이법이 틀린 이유를 가르칠 때 점수가 높았습니다.[20]

미국 터프츠대의 철학과 교수였던 대니얼 데닛Daniel Dennett도 실수와 실패를 찬양했습니다. 그는 『직관펌프, 생각을 열다』라는 책에서 77가지의 생각도구를 소개했는데, 그 첫 번째가 바로 실수하기입니다. 그의 말을 직접 들어보죠.

실수를 '감수하는 것'에 머물지 않고 실제로 실수를 저질러야 할 때가 있다. 그래야 무엇을 고쳐야 할지 뚜렷하고 자세하게 알 수 있기 때문이다. 실수는 발전의 열쇠다. … 중요한 사실은 실수야말로 진정으로 새로운 것을 배우거나 만들 수 있는 '유일한' 기회라는 것이다. … 좋은 실수를 저지르기 위한 핵심 수법은 실수를 (특히, 스스로에게서) 감추지 않는 것이다. 실수를 저질렀을 때 부인하거나 외면하지 말고 자신의 실수가 마치 예술품인 양 머릿속에서 요모조모 뜯어보는 감정가가 되어야 한다. 어떻게 보면 예술품이 맞기도 하다. … 그러니 실수를 저질렀을 때는 숨을 깊이 들이마시고 이를 악물고 실수를 최대한 냉철하게 들여다보기 바란다. 쉬운 일은 아니다. 실수를 저질렀을 때 당황하고 화내는 것은 자연스러운 반응이다. 이런 정서적 반응을 극복하려면 무척 애써야 한다. 실수를 음미하고, 나를 헤매게 만들 별난 이상異常을 밝혀내는 데서 즐거움을 느끼는 기묘한 습관이 몸에 배도록 해야 한다.[21]

데닛은 추측하고 실수하는 것을 두려워하지 말라고 충고합니다. 부정적인 감정을 이겨내고 실수를 냉철하게 분석하는 과정에서 배우고 성장하기 때문입니다.

질문을 던지는 것부터 시작해보세요. 앞서 살펴본 미국 학습과학연구소의 가이드라인에 따르면 묻고 답하는 행위는 지식 체계를 강화하는 데 도움을 줍니다. '왜?', '어떻게?', '만일 ~(이)라면?', '만일 ~이(가) 아니라면?', 'A와 B는 어떤 점에서 같고 또 어떤 점에서 다른가?', 'A의 증거는 무엇인가?' 등과 같은 질문은 얕은 지식에서 깊은 지식으로 들어가는 좋은 출발점입니다. 수학 문제 풀이법을 배웠다면, 그 문제가 왜 중요한지, 다른 방식으로 풀 수는 없는지, 어디에 적용할 수 있을지 의문을 가져보세요. 이런 질문을 던지고 나름대로 그 답을 찾아가려면 어느 정도 시간이 걸립니다. 그래서 어쩌면 많은 양을 배우지 못할 수도 있습니다. 공부 진도가 늦어지기도 하겠죠. 그 대신 이전에 경험하지 못했던 공부의 깊이를 경험할 수 있게 됩니다.

## "스스로 생각하고 함께 토론하라"

공부는 자기가 알아서 하는 것이라는 이야기가 많습니다. 자기 주도적인 공부도 중요하죠. 하지만 혼자 하는 공부만으로는 깊은 지식을 쌓기 어렵습니다. 혼자 공부할 때보다 함께 공부할 때 학습 효과가 더 좋습니다. 한 연구에서 대학생을 세 집단으로 나누어 수업을 진행했습니다. 먼저 강의-복습 집단은 강의를 먼저 듣고 복습하도록 요구했습니다. 학생들이 가장 일상적으로 하는 일이죠. 강의-토론 집단은 강의를 들은 후 3명이 팀을 이루어 토론하게 했고요. 마지막 공부-토론 집단은 강의 내용이 적힌 글을 혼자서 읽고 공부한 후 토론하게 했습니다. 그 후 시험을 치렀더니 점수는 공부-토론, 강의-토론, 강의-복습 집단 순으로 높았습니다. 그러니까 강의를 듣는 것보다 스스로 공부하는 것이, 혼자 복습하는 것보다 같이 토론하는 것이 더 성과가 좋은 겁니다.[22]

토론이 학습과 사고에 긍정적인 영향을 미친다는 것은 이미 잘 알려진 사실입니다. 그러나 토론 전에 혼자서 공부하는 시간을 가지면 그 효과가 더 커진다는 사실은 제법 놀랍습니다. 특히 토론을 진행한 두 집단 중 강의를 들은 학생들보다 혼자 공부한 학생들끼리 더 활발하게 상호작용 했습니다. 대학생뿐만 아니라 고등학생을 대상으로 한 연구[23]나 다양한 자료를 사용한 연구[24]에서도 동일한 결과를 얻었습니다.

수업 주제에 대해 혼자서 고민해보는 순간은 스스로 질문하고 답하는 시간입니다. 토론은 여러 명이 머리를 맞대어 질문하고 답하는 시간이죠. 혼자라면 생각하지 못했을 것을 더 쉽게 떠올리고, 새로운 해결책을 찾을 수도 있습니다. 각자의 생각을 더해 함께 고민하면 더 깊은 지식의 바다로 들어갈 수 있습니다. 의미 있는 집단 지성은 바로 이렇게 탄생합니다.

## "상호평가로 집단 지성의 힘을 키워라"

집단 지성을 발휘하려면, 개인의 독립성을 보장하면서도 구성원 간의 통합을 이루어야 합니다.[25] 다양한 의견이 조화롭게 통합되면 집단의 수행이 좋아진다는 실증적인 연구 결과도 있습니다. 미국 카네기멜론대의 어니타 울리Anita Woolley 교수와 동료들은 보스턴 지역의 성인 120명을 모집하여 3명씩 40개의 팀을 구성했습니다. 그리고 이들을 대상으로 협상, 도덕 추리 과제, 수리 추리 과제 등을 수행하게 했죠. 그 결과 여러 과제에 걸쳐 두루 좋은 수행을 보이는 집단에서 공통적인 특징을 발견할 수 있었습니다. 모든 구성원들이 거의 같은 비율로 발언하고, 서로의 감정 상태를 잘 파악하며, 구성원들 중 여성이 많았다는 겁니다. 놀랍게도 개인의 지능 수준은 집단의 성과와 관련이 없었습니다.[26] 개인적 능력과 무관하게 서로를 더 잘 이해하고 존중할수록 집단의 생산성이 높아진다는 것을 의미합니다.

저는 학생들이 수업에서 다양한 의견을 공유하고 통합하도록 상호평가를 활용합니다. 각자의 생각을 글로 쓰고 그 글을 서로 익명으로 평가한 다음 모여서 토론하게 하는 겁니다. 그런데 학생이 직접 글을 평가하면 채점이 정확하게 이루어지지 않을 거라고 걱정하는 사람들이 많습니다. 여러분들도 크게 다르지 않을 거라고 생각합니다. 과연 나와 학우들에게 평가를 맡겨도 괜찮은 건지 불안한 마음도 이해합니다.

제가 평가와 피드백에 대해 진지하게 생각하게 된 것은 박사학위를 마치고 다른 연구자의 논문을 심사해달라는 요청을 받기 시작할 무렵이었습니다. 그때까지 심사를 받아보기만 했지 직접 남의 논문을 심사해본 적은 없어서 막막했습니다. 제가 어떻게 논문을 평가해야 하는지 잘 모른다는 것도 그제야 깨달았죠. 물론 대학원에 다니면서 다른 사람의 논문을 읽고 코멘트를 남긴 적은 몇 번 있었습니다. 하지만 정확히 어떤 점이 부족하고 무엇을 보완하면 더 나아질지 곰곰이 생각해본 경험은 없었습니다. 명색이 박사인데도 말이죠. 무언가 잘못되었다고 생각했습니다. 도대체 어디서부터 잘못된 걸까요?

문제의 원인은 답이 정해져 있는 교육 평가 방식입니다. 흔히 인생에는 정해진 답이 없다고들 하죠. 우리에게 필요한 건 정답이 아니라 최선의 답입니다. 그러니 문제가 무엇인지 직접 찾고 개선 방향을 설명하는 능력이야말로 진짜 우리에게 필요한 역량입니다. 이를 기르기 위해서는 논술형 문항으로 학생의 의견을 물어야 합니다. 하지만 학교에서는 형평성과 객관성에 어긋날 우려가 있다는 이유로 논술형 문항을 잘 사용하지 않습니다. 사용하더라도 채점은 교사나 교수의 몫이 됩니다. 하지만 여러분, 전문가 혹은 선생님은 얼마나 평가를 잘한다고 생각하시나요? 대다수가 신뢰하는 전문가들의 평가 결과조차 서로 큰 차이가 있습니다.[27] 학생들의 동료 평가 결과가 전문가 평가 결과와 유사하다는 연구도 많죠.[28]

물론 평가적 판단의 정확성은 평가자라면 누구나 유념해야 할 문제입니다. 교사든 학생이든 사람이라면 여러 편향의 영향을 받기 때문입니다. 가장 주의해야 할 편향은 평가자와 피평가자의 친밀도에 따라 평가 점수가 크게 달라진다는 점입니다.[29] 무의식적으로 자기와 가까운 사람은 호의적으로, 그렇지 않은 사람은 불리한 방향으로 평가하기 쉽습니다. 또한 지식이나 평가 경험이 적은 평가자일수록 부정확하게 평가할 가능성이 높습니다. 이는 메타인지 능력과 관련이 있습니다. 성적이 낮은 학생일수록 자신이 예측하는 점수와 실제 시험 점수 간의 차이가 크고,[30] 스스로 이런 사실을 제대로 인식하지 못합니다. 미국 코넬대 심리학과 교수 데이비드 더닝David Dunning은 이를 '이중의 저주'라고 부릅니다. "잘 모르면 모르는지도 모른다"[31]라는 겁니다. 이런 이야기를 들으면 비전문가나 학생이 평가하는 결과가 과연 믿을 만한지 더 불안해질 겁니다. 그렇지만 이런 편향은 극복할 과제이지 평가를 포기할 이유가 되어서는 안 됩니다.

편향을 이겨내기 위해서는 평가자 간의 상호주관성과 평가 과정의 투명성이 중요합니다. 상호주관성이란 여러 사람이 공통적으로 가지고 있는 의견을 고려하여 객관성의 기준을 만드는 것입니다. 평가는 기본적으로 개인의 가치 판단이기 때문에 어느 정도 주관성을 띨 수밖에 없습니다. 이때 평가자가 1명이라면 평가를 받는 사람은 평가 내용을 쉽게 받아들이기 어려워할 수도 있습니다. 그렇다면 평가자가 100명, 1,000명이라면 어떨까요? 그리고 그들이 입을 모아 다 같은 이야기를 한다면 어떨까요? 물론 실제로 그럴 일은 없겠지만, 평가자가 많을수록 상호주관성을 바탕으로 더 신뢰할 만한 평가 결과를 도출할 수 있을 겁니다. 이때 평가 기준과 평가 항목을 세분화하여 분명하게 제시하고, 평가 내용을 투명하게 공개한다면 더할 나위 없이 좋겠죠. 이러한 방법으로 우리는 평가의 객관성을 확보할 수 있습니다.

공부할 때는 상호평가를 적절히 활용하는 것이 효과적입니다. 같은 내용을 공부하는 친구가 있다면, 직접 만들어본 평가 문항이 얼마나 중요한 내용을 다루는지, 어떻게 바꾸면 더 좋은 문항이 될지 함께 논의해보세요. 같은 대상을 두고 나와 타인의 평가가 어떻게 다른지 확인해보세요. 이런 활동을 여러 번 거듭하다보면 스스로의 평가 특성을 어느 정도 확인할 수 있습니다. 만일 다수의 의견과 차이가 크면 줄이는 방향으로 자신의 평가 점수를 조정하기 위해 노력하세요. 꾸준한 평가를 통해 개선점을 찾아내지 못하면 앞으로 계속 발전하기 어렵다는 사실을 명심하세요. 평가는 단지 선별을 위한 도구가 아니라 학습과 사고 향상 도구이기도 합니다.

여기까지 온 여러분, 진심으로 축하합니다. 이제 여러분은 과학적인 공부법의 세계에 발을 들였습니다. 대다수의 학생, 그리고 교사들조차 올바른 공부법이 무엇인지 잘 모릅니다. 특히 깊은 지식을 위한 공부법은 교육 현장에서 아직 널리 사용되지 않아 어색하고 실행하기 쉽지 않습니다. 하지만 그 효과가 이미 확인된 만큼 우리가 더 많이 활용할 필요가 있습니다.

4강

# 지식의 시작:
# 문해력 향상의 비밀

✳

'활자 중독'이라는 말을 들어본 적이 있나요? 지하철 광고, 잡지, 전단지 등 일상에서 마주치는 모든 텍스트를 읽어내야 직성이 풀리는 상태를 뜻하죠. 요즘은 이 의미가 확장돼 독서 애호가들도 스스로를 활자 중독자라고 소개하기도 합니다. 글을 읽는다는 것은 인간에게 어떤 의미일까요?

읽기는 지식을 습득하는 데 중요한 활동입니다. 미국의 독해 연구자인 윌리엄 베이커William Baker도 대학 교육의 약 85%는 읽기와 직접적으로 관련 있다고 주장했죠.[1] 이번 강의에서는 읽기가 얼마나 중요하고 어떤 과정을 거쳐 이루어지는지, 효과적인 공부를 위해서는 글을 어떻게 읽어야 하는지 살펴보겠습니다.

# 읽기, 의미 구조를 만드는 일

먼저 짧은 글 한 편을 읽어볼까요? 글의 주제가 무엇일지 예측하면서 읽어봅시다.

사실 이 절차는 매우 간단하다. 먼저 비슷한 물건끼리 모은다. 물론 그렇게 모을 정도로 많지 않으면 한 번에 처리할 수도 있다. 시설이 충분하지 않을 경우에는 다른 곳으로 가야 하지만, 그렇지 않으면 준비가 거의 다 된 셈이다. 한꺼번에 너무 많이 하지 않는 것이 중요하다. 그보다는 차라리 좀 적다 싶을 정도로 하는 것이 좋다. 단기적으로 보면 이렇게 하는 것이 그리 중요해 보이지 않는다. 그렇지만 이렇게 하지 않으면 복잡한 문제가 발생하기 쉽고 일단 문제가 생기면 상당한 비용이 든다. 처음에는 이 모든 절차가 복잡해 보이지만 금방 일상생활의 한 부분이 된다. 이 일을 하지 않아도 되는 날이 곧 오지는 않을 것 같고 언젠가 그렇게 될 수 있을지도 현재로서는 알 수 없다. 이 절차가 끝나면 다시 비슷한 물건들끼리 나눈 다음 적절한 장소에 보관한다. 보관된 것들은 언젠가 다시 사용되는데 사용 후에는 이 모든 절차가 다시 반복된다. 이 활동은 우리 생활의 일부다.[2]

이 글에 딱히 어려운 문장은 없습니다. 각 문장을 이해하는 것도 어렵지 않고요. 그런데 이상하게도 필자가 무슨 이야기를 하고 싶은 건지 도저히 알기 어렵습니다. 글을 읽긴 했지만 그 의미를 정확하게 파악하지 못한 상태인 거죠.

하지만 제가 '빨래'라는 단어 하나를 던져드리면 이 글의 요지를 순식간에 이해할 수 있을 겁니다. 빨래를 하기 위해서는 먼저 색이 있는 옷과 없는 옷을 분류합니다. 먼지가 많이 나오는 수건을 따로 모으기도 하죠. 양이 적으면 분류하지 않고 한 번에 빨래를 하기도 합니다. 집에 세탁기가 있다면 빨래 준비는 거의 다 된 셈입니다. 빨래를 너무 많이 넣으면 세탁 효과도 떨어지고, 세탁기가 고장 나기 쉽고, 수리하는 데 많은 비용이 들죠. 처음 빨래를 하면 절차가 복잡한 것처럼 느껴지겠지만 몇 번 하다보면 자연스럽게 해낼 수 있습니다. 기술이 발전하면 세탁기조차 직접 돌리지 않아도 될 날이 오겠지만, 현재로서는 알 수 없죠? 다 마른 빨래는 다시 외출복, 잠옷, 양말 등으로 분류해 옷장에 보관해둡니다. 꺼내 입고 나서는 다시 빨래를 해야 하죠. 이 모든 과정은 우리의 일상입니다.

어떤가요? 단어 하나만 들었는데도 글의 모든 내용이 자연스럽게 연결되죠? 이처럼 읽기는 단순히 문자를 읽는 행위가 아닙니다. 정보와 정보를 연결해 '의미'를 읽어내는 고차원적인 활동이죠. 글의 분량이 많고 내용이 어려울수록 관련 지식을 기억해내고, 깊게 생각해야 합니다. 이렇듯 글에 담긴 내용을 독자의 지식과 연결하는 과정으로서의 읽기를 독해reading comprehension라고 합니다.[3] 이는 내용을 '이해'하며 읽는 행위를 뜻하기 때문에 단순히 글자를 읽는 능력인 해독decoding과는 다른 차원의 의미를 지닙니다.

우리가 해독하고 이해하는 대상은 글자만이 아닙니다. 어떤 장면이나 상대방의 표정, 동작을 통해 우리는 상황을 파악하고 타인의 감정을 추론하며 특정 의미를 포착해냅니다. 그저 받아들이기만 하는 것이 아니라 표정과 동작, 말과 글로 생각과 느낌을 표현하기도 하죠. 이런 이유로 과거에는 단순히 글을 읽고 쓰는 능력을 가리키던 문해력이라는 개념이 의사소통 능력은 물론 과학, 정보통신, 문화, 경제 등 특정 영역의 지식을 활용하는 능력으로까지 확대되어 사용되고 있습니다.

이와 같은 문해력의 의미 변화는 유네스코UNESCO의 설명에 잘 나타나 있습니다.

문해력은 일회성 행위가 아니다. 읽고 쓰고 계산하는 기술이라는 전통적인 개념을 넘어, 세상이 점점 디지털화되고 텍스트를 매개로 연결되며 정보가 풍부하고 빠르게 변화함에 따라, 문해력은 식별·이해·해석·창조 및 의사소통의 수단으로 이해되고 있다. 문해력은 평생에 걸쳐 지속되는 읽기·쓰기·숫자 사용에 대한 학습과 숙련 과정이며, 디지털 기술·미디어 활용 능력·지속가능한 발전을 위한 교육·세계시민의식·직업별 기술을 포함하는 더 큰 기술 세트의 일부다. 사람들이 디지털 기술을 통해 점점 더 많은 정보와 학습에 참여함에 따라 문해력 자체가 확장되고 발전하고 있다.[4]

정보통신 기기를 사용하여 얻은 정보를 활용하는 능력인 디지털 문해력, 개인적 의사결정이나 시민으로서의 역할 그리고 경제적 생산 활동에 필요한 과학적 개념과 과정을 다루는 과학 문해력, 특정 문화권에 속하는 사람들의 전통, 일상적 행동, 그리고 역사를 이해하는 능력인 문화 문해력, 자신의 경제적 상황을 이해하고 건전한 재정을 확보하는 능력인 재정 문해력 등 문해력의 개념은 얼마든지 확장될 수 있습니다.

따라서 문해력은 전통적인 독해는 물론 언어, 의사소통, 추리, 글쓰기, 전문성, 학습과 기억 그리고 특정 영역의 지식에 대한 연구 등과 연결됩니다. 이 영역들은 머릿속에서 이루어지는 사고 과정을 명제나 심적 이미지 혹은 심적 구조와 같은 표상을 통해 설명하려는 인지심리학의 오랜 연구 주제들이기도 하죠.

# 마음속에서 조립하는 정보의 구조

글을 읽을 때 우리는 자연스럽게 심적 구조mental structure라는 것을 만듭니다. 글을 읽으면서 알게 된 정보와 배경지식을 통합하여 정보를 체계화하는 겁니다. 이 과정을 통해 우리는 글의 핵심 메시지를 찾아냅니다. 연구자에 따라서는 이 심적 구조를 상황 모형situation model 혹은 심적 모형mental model이라고 부르기도 합니다. 여기서는 상황 모형이라고 해두겠습니다. 이 상황 모형은 대화를 나누거나 그림을 감상할 때도 만들어집니다.

미국 위스콘신대의 언어심리학자인 모턴 건스배처Morton Gernsbacher는 상황 모형을 구축하는 능력이야말로 인지 능력에서 개인차가 나타나는 근본적인 요인이라고 주장합니다.[5] 구조 파악 능력이 뛰어난 사람은 중요한 정보를 빠르게 찾아내고 중요하지 않은 내용은 무시합니다. 적절한 정보를 원래 알고 있던 내용과 잘 연결해서 일관된 심적 모형을 쉽게 구축할 수 있죠. 의미 구조를 잘 파악하지 못하는 사람은 많은 시간을 들여도 어딘가 허술한 상황 모형을 만들어냅니다.

상황 모형을 형성하는 데에는 개인의 인지 능력 차뿐만 아니라 글에 담긴 정보의 특성 자체도 영향을 미칩니다. 어떤 글이 하나의 일관된 주장을 펼친다면 상황 모형을 구축하기 쉽겠죠.

하지만 모든 글이 그렇지는 않습니다. 특히 학술적인 목적으로 쓰인 글들은 상반되는 비유나 전제, 주장을 펼칠 때가 많습니다. 예를 들어 언어에 대한 다음 두 글을 읽어보죠.

언어는 시간 읽는 법이나 연방 정부 운영 방식을 학습하듯이 학습하는 문화적 인공물이 아니다. 그것은 인간 뇌의 생물학적 구조의 일부다. 언어는 복잡하고 특화된 기술로서, 의식적 노력이나 정규 교육 없이 어린 아이에게서 자연 발생적으로 발달하며, 그 저변의 논리에 대한 자각 없이 전개되며, 모든 개인들에게서 균질하며, 정보 처리나 지능적 행동에 필요한 더 일반적인 능력들과 구분된다. 이런 이유 때문에 일부 인지과학자들은 언어를 심리적 능력, 마음의 기관, 신경 시스템, 연산 모듈로 설명하기도 했다. 그러나 나는 좀 색다르게 받아들일지도 모르는 '본능'이라는 용어를 사용하고 싶다. 이 용어에는 거미가 거미줄 치는 법을 안다고 말하는 것과 대동소이한 의미에서 사람들은 말하는 법을 안다, 라는 생각이 담겨 있다. 거미의 거미줄 치기는 어떤 천재 거미의 발명품이 아니며, 적절한 교육을 받거나 건축이나 건설업에 적성이 있어야 하는 것도 아니다. 거미는 거미의 뇌를 가지고 있으며, 이 뇌가 거미줄을 치도록 거미를 충동하고, 그 일에 집요하게 매달리게 만든다. 거미가 거미줄을 치는 것은 그 때문이다. 거미줄과 언어 사이에 차이점이 있긴 하지만, 나는 여러분들이 이와 같은 방식으로 언어를 바라보도록 설득할 참이다. 왜냐하면 그렇게 하는 것이 우리가 탐구할 현상들을 이해하는 데 도움이 되기 때문이다.

언어를 본능으로 간주하는 것은 인문학과 사회과학의 규범 속에서 전해내려온 상식에 어긋난다. 직립 보행이 문화적 발명품이 아니듯 언어는 문화의 발명품이 아니다. 언어는 상징 사용의 일반 능력을 보여주는 징표도 아니다. 누구나 알듯이 세 살배기 아이도 문법의 천재다. 그런데 이 아이가 시각 예술, 종교 상징, 교통 신호나 기호학 과정의 온갖 것들에 대해 뭘 아는가? 언어가 살아 있는 종들 가운데 오로지 호모 사피엔스에게만 있는 굉장한 능력이라고 해서 언어 연구를 생물학 영역에서 거둬들일 하등의 이유가 없다. 현존하는 특정 종에만 있는 굉장한 능력은 동물왕국에서 결코 드문 일이 아니다. 어떤 박쥐 종은 도플러 효과를 이용해 날아다니는 곤충을 추적한다. 어떤 철새 종들은 하루 또는 한 해 동안의 별자리 이동을 파악하여 수천 마일을 비행한다. 자연의 장기자랑 대회에서 우리는 다만 날숨을 조절하여 누가 누구에게 무엇을 했는지에 대한 정보를 전달할 수 있는 우리만의 요령을 가진 영장류의 한 종일 뿐이다.

— 스티븐 핑커 지음, 김한영 옮김, 『언어본능』, 동녘사이언스, 2008년, 24-25쪽.

언어는 느슨하게 연결된 무한한 게임들의 집합과 같으며, 각각의 게임은 참가자의 상황에 따른 필요와 공유된 역사에 의해 모양 지어진다. 제스처 게임에서처럼 언어는 그 순간에 '고안'되며 우리가 게임을 재개할 때마다 계속해서 혁신된다. 20세기 가장 영향력 있는 철학자라고 해도 손색이 없을 루드비히 비트겐슈타인Ludwig Wittgenstein은 우리가 의사소통 게임을 통해 언어를 사용하는 방식에서 의미가 생겨난다고 보았다. "망치!"라는 외침은 망치질을 시작하라거나 망치를 넘겨달라는 지시일 수 있다. 하지만 근처 지붕에서 망치가 떨어지니 주의하라는 경고일 수도 있고, 망치를 사오라거나 잊지 말고 가져오라고 상기시키는 등 다른 무언가를 의미할 수도 있다. … '망치'의 의미를 묻는 것은 말이 되지 않는다. 어떤 단어의 의미는 우리가 대화에서 그 단어를 어떻게 사용하느냐에 좌우된다.

이러한 관점에 따른다면, 언어 학습은 공동체 수준에서 이루어지는 일련의 무한한 제스처 게임에 참여하는 법을 학습하는 것과 같으며, 모든 새로운 게임은 과거에 이미 했던 게임들을 기반으로 이루어진다. … 결국 언어를 학습한다는 것은 능숙한 제스처 게임 선수가 되는 법을 배우는 일과 같다. 언어 게임에 성공하기 위해서는 사람들과 일상적으로 주고받는 상호작용을 능숙하게 다룰 줄 알아야 한다. 즉 추상적인 문법 패턴의 체계를 반드시 학습해야 할 필요는 없다. 물리 법칙을 몰라도 테니스를 칠 수 있고 음악 이론을 몰라도 노래할 수 있듯이, 언어 규칙을 몰라도 대화할 수 있다. 이런 실질적인 의미에서 우리는 우리가 사용하는 언어에 대한 '지식 없이도' 아주 능숙하게, 또 아주 효과적으로 말할 수 있다.

— 모텐 크리스티안센·닉 채터 지음, 이혜경 옮김, 『진화하는 언어』, 웨일북, 2022년, 9-11쪽.


먼저 핑커는 언어를 학습의 대상으로 보지 않습니다. 언어는 문화적 인공물이 아니라 모든 개인들에게 자연 발생적으로 발달하는 '본능'과 같다고 이야기하죠. 거미, 철새, 박쥐 등이 가지고 있는 고유한 특성처럼 언어 또한 인간이라는 종이 가지고 있는 생물학적 특성이라고 봅니다.

반면 크리스티안센과 채터는 어떤가요? 언어를 역사적인 게임이라고 봅니다. 공동체적 상호작용을 통해 언어 게임에 참여하는 법을 학습할 수 있다고 생각하죠. 언어를 포함한 인지 능력이 학습되는 것인지 타고나는 것인지에 대한 논쟁은 수 세기 전부터 오늘날까지 지속되고 있습니다. 어느 쪽이 맞고 틀린지 명확하게 구분할 수 없죠.

전문가들이 서로 경쟁하는 가운데 새로운 발견들이 이루어지는 점은 긍정적이지만, 공부하는 사람들로서는 각각의 주장을 정리하는 일이 쉽지 않습니다. 실제로 교과서나 논문에서 의견이 분분한 주제의 이론적 배경을 다룰 때는 대략적인 흐름을 정리하는 데 오랜 시간이 듭니다. 논란에 관여하는 학자들과 그들의 주장을 정리하는 것은 더욱 어렵죠. 그래서 공부를 하다보면 이런 생각이 저절로 듭니다. "그래서 뭐 어쨌다는 거야?"

이럴 때는 상황 모형을 확장하거나 통합하는 식으로 계속해서 수정해야 합니다. 핑커의 글에서 언어 능력은 선천적이라는 주장을 중심으로 상황 모형을 구성했더라도, 크리스티안센과 채터의 글을 읽으면서는 이와 상반된 견해가 존재한다는 사실을 파악하고 전체적인 내용을 하나로 통합해야 하는 겁니다. 내용을 전체적으로 정리하기 어렵더라도 다양한 견해들 사이에 어떤 차이가 있는지 정도는 명확히 해두어야 합니다.

지식을 습득하는 동시에 상반된 내용을 통합하며 '확장된 상황 모형'을 머릿속에서 구축하는 일은 어렵습니다. 글을 읽으면서 새로운 내용이 나오면 계속 모형을 수정해야 하니 긴장을 놓쳐서는 안 되죠. 그래서 글이나 마인드맵을 이용해 그때그때 배운 내용을 기록해두는 것이 좋습니다. 읽기가 생각으로, 생각이 글로, 다시 글이 생각으로 전환되는 과정에서 자신만의 상황 모형이 만들어집니다.

# 독해는 머릿속에서 싸움이 벌어지는 과정이다

이제 막 말을 트기 시작한 아이가 하는 옹알이, 다들 아시죠? 부모는 아기가 단어의 일부만 옹알옹알 말해도, 찰떡같이 알아듣습니다. 평소에 아기가 무엇을 좋아하고 싫어하는지 잘 알고 있기 때문이겠죠. 독해도 마찬가지입니다. 독해에 가장 큰 영향을 미치는 요소는 바로 독자의 배경지식입니다. 글의 짜임새가 허술해도 어느 정도 알고 있는 내용을 다룬다면 빠진 정보를 스스로 채우면서 필자의 의도와 핵심 문장을 파악할 수 있습니다. 반대로 배경지식이 적으면 독해가 어려워지고 독해가 어려워지면 무언가를 배우기 힘듭니다. 지식을 얻으려고 글을 읽는 건데, 배경지식이 너무 없으면 지식을 습득하기 어렵다니 참 역설적이죠? 이런 점에서 독해는 빈익빈 부익부 현상을 보입니다.

독해력 향상을 위해서는 어느 정도 시간을 들여 꾸준히 읽어야 합니다. 어떤 글이 너무 어렵게 느껴진다면 좀 더 쉬운 언어로 쓰인 글을 찾아 읽거나, 주변의 도움을 받아 배경지식을 넓혀야 합니다. 모르는 만큼 채워 넣어야 독해 능력 향상에 가속도가 붙습니다. 오늘 노력한 만큼 내일은 더 어려운 글을 읽을 수 있게 됩니다. 알면 더 잘 읽게 되고 더 잘 읽으면 더 많은 지식을 가질 수 있습니다. 그러면 더 수준 높은 책도 잘 읽게 되죠.

독해는 읽기 목적과 방법에 따라 다양한 차원에서 이루어집니다. 만화나 소설처럼 재밌는 글은 대충 읽어도 눈에 잘 들어옵니다. 한편 과제를 준비하기 위해 학술서를 읽을 때는 적당히 주의를 기울이면서 중요한 내용만 쏙쏙 찾아낼 줄 알아야겠죠. 교재를 읽으며 공부할 때는 전체적인 맥락에서 정보를 이해해야 하니 더욱 집중해야 합니다. 모르는 단어의 의미를 찾아보고, 복잡한 문장을 간단한 명제로 분석하며, 중간중간 읽은 내용을 잘 이해하고 있는지 스스로 점검도 해야 합니다. 또한 새롭게 알게 된 내용을 기존 지식과 유기적으로 연결하면서 핵심적인 내용을 확장하며 파악하는 활동까지 해내야 하죠.

평상시 우리가 읽기라고 부르는 활동을 자세히 살펴보면 몇 가지 하위 유형으로 구분됩니다. 읽는 행위는 읽는 주체가 텍스트와 벌이는 인지적 차원의 싸움과 같아서 상황에 따라 다른 전략을 구사해야 합니다. 읽기 유형을 구분하면 언제 어떤 읽기를 전략적으로 사용해야 할지 감이 잡힐 겁니다. 이 수업에서는 훑어보기skimming, 찾아보기scanning, 선형적 읽기linear reading, 꼼꼼히 읽기close reading, 소리 내어 읽기reading aloud, 반성적 읽기reflective reading의 여섯 가지로 나누겠습니다. 이 중 훑어보기부터 소리 내어 읽기까지 다섯 가지 읽기 전략은 상황 모형을 구축하는 데 도움을 줍니다. 먼저 이 다섯 가지 읽기 전략을 살펴본 후

반성적 읽기를 다루겠습니다.

훑어보기는 글의 내용과 구성을 파악하기 위해 차례나 소제목을 살펴보는 활동을 가리킵니다. 찾아보기는 특정한 표현이나 내용을 찾기 위한 읽기입니다. 훑어보기로 목차를 살핀 후 필요한 내용만 뽑아서 읽는 것이죠. 발췌독과 비슷한 개념입니다. 선형적 읽기는 신문 기사나 소설을 읽을 때처럼 모든 내용을 한 번에 쭉 읽습니다. 보통 공부 자료를 읽을 때는 가벼운 마음으로 선형적 읽기를 시작합니다. 앞에서부터 순서대로 쭉 읽어 나가는 거죠. 그러다 정보를 파악하기 어려워지면 선형적 읽기를 지나 꼼꼼히 읽기로 넘어갑니다. 모르는 단어의 의미를 확인하고 고도로 집중하면서 문장과 단락을 반복적으로 읽는 과정입니다. 읽다가 멈추기도 하고, 이 말이 무슨 의미인가 싶어 앞으로 돌아가기도 하는 식이죠. 소리 내어 읽기는 잡념을 없애는 데 유용한 전략입니다. 읽기에 집중하기 위해 텍스트와 관련 없는 다른 생각이 끼어들 틈을 만들어주지 않는 겁니다. 애초에 낭독을 위해 쓰인 시나 희곡 등을 읽을 때도 사용할 수 있죠.

읽는 목적에 따라 전략적으로 이 다섯 가지 읽기를 사용해야 합니다. 목적과 소요 시간 등을 고려해 어떤 때에는 훑어보기로 읽다가 중요한 부분을 집중해서 읽고, 또 어떤 때에는 글 전체를 꼼꼼하게 읽어야 합니다.

표 1. 상황 모형을 구축하는 다섯 가지 읽기 유형

| 읽기 유형 | 구체적 읽기 활동 |
|---|---|
| 훑어보기 | 대략적인 글의 구조를 살피며 읽는다. |
| 찾아보기 | 특정한 표현이나 내용을 찾을 목적으로 읽는다. |
| 선형적 읽기 | 모든 내용을 전체적으로 한 번 읽는다. |
| 꼼꼼히 읽기 | 모르는 내용을 반복적으로 읽는다. |
| 소리 내어 읽기 | 집중력을 높이기 위해 발화하며 읽는다. |

대개는 훑어보기, 선형적 읽기, 꼼꼼히 읽기, 그리고 반성적 읽기를 순차적으로 활용합니다. 짧은 글의 경우에는 굳이 훑어보지 않고 바로 읽어도 괜찮겠죠. 하지만 물에 들어가기 전에는 늘 준비 운동이 필요하듯, 선형적 읽기나 꼼꼼히 읽기 전에 텍스트가 어떤 주제를 어떻게 다루고 있는지 대략 훑어보는 습관을 들이는 게 좋습니다. 앞서 '빨래'를 주제로 한 텍스트를 읽었던 것처럼, 필자가 무슨 얘기를 하려는 건지 알고 읽으면 독해 효율이 좋아지기 때문이죠.

같은 주제를 다루더라도 누가 어떤 목적으로 썼는지에 따라 글의 난도가 다릅니다. 한 연구에 따르면 초심자는 낮은 난도의 글에서, 어느 정도 숙련된 사람은 높은 난도의 글에서 더 많이 배웁니다.[6] 너무 어려워도, 너무 쉬워도 공부 효과는 떨어집니다. 자신에게 적절한 수준의 어려움을 극복할 때 효과적으로 공부할 수 있는 것이죠. 만약 다섯 가지 읽기 방법을 모두 사용해도 이해할 수 없는 글이 있다면, 주변의 누군가에게 도움을 청해야 합니다. 이러한 일련의 과정을 통해 잘 모르는 부분이나 자신이 알던 것과 상충하는 부분을 해소하면서 상황 모형을 구축하게 됩니다.

## 정보를 이해하면 반성적 읽기가 시작된다

상황 모형이 구축되거나 구조가 파악되면 읽기가 완성된 것일까요? 읽기를 단순히 글에 담긴 정보를 해석하는 수동적 과정으로 생각하면 그렇다고 할 수 있습니다. 하지만 읽기는 여기서 그치지 않습니다. 우리는 반성적 읽기로 한 걸음 더 나아갈 수 있습니다.

반성적 읽기는 정보의 가치를 평가하고, 시사점을 파악하며 다양한 해석과 비판점을 찾아내고, 문제의 개선점을 제안하는 활동을 가리킵니다.

다음 페이지의 글을 한 번 읽어보시죠.

토끼와 거북이가 달리기 경주를 했습니다. 날쌘 토끼가 한참을 뛰다가 돌아보니 거북이가 거의 보이지 않을 정도로 작게 보였습니다. 더워진 토끼는 나무 그늘에서 잠시 쉬어가려고 누웠다가 깜박 잠이 들어버렸습니다. 그사이에 거북이는 열심히 기어서 결승점에 먼저 도착했습니다.

어렸을 때 한번쯤 들어본 토끼와 거북이의 이야기입니다. 불리한 상황에서도 꾸준히 노력하면 상대방을 이길 수 있다는 교훈을 담고 있죠. 하지만 이 이야기를 조금 다르게 읽어볼 수도 있습니다. 무한 경쟁의 시대에 토끼와 같은 태도는 얼마나 소중한가요. 나무 그늘에서 잠시 쉬어갈 줄 아는 토끼는 거북이보다 더 다양한 풍경을 둘러볼 수 있었을 겁니다. 비록 경쟁에서는 지더라도 말이죠. 어쩌면 토끼에게 경쟁은 처음부터 중요하지 않은 일이었을지도 모릅니다.

이처럼 같은 이야기를 읽더라도 누가, 언제 읽느냐에 따라 다양한 해석이 가능합니다. 이야기에 직접 드러나지 않은 의미를 탐색하는 활동이 바로 반성적 읽기입니다. 수동적 이해에서 그치지 않고 우리의 느낌이나 생각을 능동적으로 발전시키는 겁니다. 한두 번 읽고서는 어렵고 깊게 생각하면서 여러 번 읽어야 가능한 일이죠.

아, 토끼와 거북이는 너무 유치한가요? 그렇다면 『논어』의 첫 세 구절로 넘어가보겠습니다.

배우고 때때로 그것을 익히면 또한 기쁘지 않은가?
(學而時習之, 不亦說乎)
벗이 먼 곳에서 찾아오면 또한 즐겁지 아니한가?
(有朋自遠方來, 不亦樂乎)
남이 알아주지 않아도 성내지 않는다면 또한 군자답지 않은가?
(人不知而不慍, 不亦君子乎)

이 세 구절을 개별적으로 이해하는 것은 어렵지 않습니다. 그렇다면 이 세 구절이 각기 다른 주제를 다루는 것일까요? 아니면 같은 주제로 서로 연결된 내용일까요? 예를 들어 어떤 해석은 학문, 친구, 그리고 타인의 인정으로부터 자유로워지는 것을 기쁘게 사는 각각의 방법으로 봅니다. 반면 학습을 연구하는 인지심리학자인 저에게는 이 세 가지가 모두 공부라는 하나의 주제를 관통하는 것처럼 보입니다. 배우고 때때로 익히면 그 자체로 즐겁고, 비슷한 생각을 하는 친구도 만날 수 있어서 좋지만, 다른 생각을 하는 사람을 만나더라도 화내지 않아야 한다고 해석해볼 수 있는 겁니다.

이 논의에서 주목할 점은 '어느 해석이 맞는가'가 아니라 '같은 글에 대해 얼마나 다양한 해석이 가능한가'입니다. 필자의 표현이 모호할수록, 독자들이 문제나 현상을 다각도에서 바라볼수록 해석의 범위가 넓어집니다. 해석의 다양성은 정해진 답을 넘어 더 나은 답으로 우리를 이끌어줍니다.

글의 내용에 동의하는지, 글이 주는 느낌은 어떤지, 글의 장점과 단점은 무엇인지 분석하는 것도 모두 반성적 읽기의 일환입니다. 이를 통해 우리는 글을 다각적으로 이해하거나 겉으로는 잘 드러나지 않던 새로운 의미를 찾아낼 수 있습니다. 반성적 읽기 능력은 배경지식을 많이 가지고 있다고 해서 저절로 늘지 않습니다. 글의 내용을 평가하고, 비판하고, 발전시키려는 의도적인 노력을 기울여야 조금씩 발전합니다. 그러나 안타깝게도 한국의 교육 현장에서는 반성적 읽기 방법을 잘 사용하지 않습니다. 너무 많은 내용을 배우고 남보다 앞서가느라 바쁜 학생들은 뒤를 돌아볼 여유가 없죠.

"내가 더 멀리 보았다면, 그것은 거인의 어깨 위에 서 있었기 때문이다." 만유인력의 법칙을 발견한 영국의 과학자 아이작 뉴턴Isaac Newton이 한 말입니다. 수백 년 역사에 걸쳐 수많은 학자가 쌓아온 지식과 경험 덕에 자신이 더 발전할 수 있었다는 의미죠. 하지만 뉴턴이 처음부터 거인의 어깨 위에 있었을까요?

땅에서부터 거인의 어깨로 올라가기 위해 부단히 노력해야 했을 겁니다. 이해 혹은 상황 모형 구축에 국한된 읽기만으로는 충분하지 않습니다. 먼 곳까지 내다보려면 높은 곳에 올라가야 하고, 높은 곳에 올라가려면 반성적 읽기가 필요합니다. 만약 글을 읽고 새로운 질문이나 비판할 거리, 발전시킬 여지를 발견하지 못했다면 글을 다시 읽어서라도 찾아내야 합니다. 이러한 열망 없이 그저 읽기만 해서 얻은 지식은 순식간에 사라집니다. 쉽게 얻은 것은 금방 잃게 되죠. 반성적 읽기는 문제와 씨름하는 공부를 위해 반드시 필요한 과정입니다.

## 독해 과신과 얕은 처리

배경지식을 갖추어 여러 읽기 방법을 시도하더라도 때로는 글의 의미를 쉽게 파악하기 어려울 수 있습니다. 글을 읽을 때 정보를 제대로 이해하지 못하는 데는 여러 가지 이유가 있습니다. 앞에서 읽은 내용을 기억하지 못하거나, 중요한 정보 혹은 요지를 잘못 파악하거나, 불필요한 정보를 억제하는 데 실패하는 등 다양한 맥락이 독해를 방해하는 원인이 될 수 있습니다.

그래서 글을 잘 읽는 것도 중요하지만, 잘 읽고 있는지 확인하는 독해 점검의 과정도 매우 중요합니다. 독해 점검이란 글을 읽는 도중 혹은 읽은 후 그 내용을 얼마만큼 잘 이해하는지에 대한 스스로의 판단을 가리킵니다. 즉 배경지식을 적절히 사용해 상황 모형이 제대로 만들어지고 있는지 중간중간 확인하는 작업인 겁니다. 독해 점검이 정확하면, 스스로 이해한 부분은 넘어가고 어려운 부분에 집중할 수 있어 효율적으로 학습 성과를 높일 수 있습니다.

독해 점검이 얼마나 정확한지 측정할 때는 절대적·상대적 정확성 개념을 활용합니다. 절대적 정확성은 읽은 내용에 대한 자신의 이해도 판단과 실제 시험 점수 간의 차이를 말합니다. 이 차이가 작을수록 좋겠죠. 상대적 정확성은 더 복잡한 과정을 거쳐 측정합니다. 난도가 다른 여러 글에 대해 이해도를 평가한 후 실제로 시험을 보고, 두 점수 간의 상관 관계를 측정한 값입니다. 어려운 글에 대해서는 낮은 점수를 예측하고, 쉬운 문항이나 자료에 대해서는 높은 점수를 예측하면 상관 계수가 1이 됩니다. 독해 점검이 정확하다는 거죠. 반면 예측 점수와 실제 점수가 아예 무관하면 상관 계수는 0에 가까워집니다. 여러 연구 결과를 종합하는 메타 분석 결과, 학습자들의 예측과 실제 점수 간의 상관은 0.24로 비교적 낮았습니다.[7] 독해 점검이 왜 이토록 정확하지 않은 걸까요?

이러한 현상에는 독해 과신과 얕은 처리가 큰 영향을 미칩니다. 독해 과신은 자신의 독해 수준을 과대평가하는 경향을 뜻합니다. 이런 과대평가는 글의 주제와 관련된 지식이 부족할수록 더 심각해집니다. 즉 관련 분야의 지식이 많지 않을수록 자신이 더 잘 이해했다고 착각하는 것이죠. 반대로 지식이 많으면 많을수록 자신이 덜 이해했다고 생각합니다. 참 아이러니하죠. 이러한 인지 편향은 앞서 이중의 저주를 이야기했던 코넬대 더닝 교수와 그의 제자 저스틴 크루거Justin Kruger가 발견했기 때문에 '더닝-크루거 효과'라고 합니다.[8]

독해 점검의 부정확성을 가져오는 또 하나의 요인인 얕은 처리에 대해서는 질문을 통해 알아보겠습니다. "모세는 방주에 한 동물 종을 몇 마리씩 넣었을까요?" 암수 한 마리씩 두 마리? 맞습니다. 하지만 방주에 동물을 넣은 사람은 모세가 아니라 노아입니다. 사람들은 이 질문을 받는 순간 동물의 수에만 집중하게 되어 모세에는 주의를 기울이지 못합니다. 이른바 '모세의 오류'죠.[9] 이처럼 주어진 정보를 꼼꼼히 따지지 않고 쉽게 받아들이는 것을 얕은 처리라고 합니다.

다음 페이지에서 얕은 처리를 유발하는 질문들을 읽고 스스로 답을 내려본 다음, 어떤 부분에서 얕은 처리가 일어나는지 확인해보세요.

# 얕은 처리를 유발하는 질문

"소니의 비디오 게임에 등장하는 배관공 캐릭터의 이름은?"

→ 정답은 마리오. 그러나 마리오는 소니가 아닌 닌텐도의 비디오 게임이다.

"마가렛 대처가 대통령이었던 나라는?"

→ 정답은 영국. 그러나 마가렛 대처는 대통령이 아닌 총리였다.

다음 글도 함께 읽어보겠습니다.

초전도성은 전류 흐름에 대한 저항이 사라지는 현상이다. 지금까지는 특정 물질을 절대 영도에 가까운 저온으로 냉각해야만 얻어졌다. 이로 인해 기술적 적용이 매우 어려웠다. 현재 많은 실험실에서 초전도 합금을 생산하려고 노력하고 있다. 이러한 특성을 지니면서 즉시 기술적으로 적용할 수 있는 많은 재료가 최근에 발견되었다. 지금까지 초전도성은 특정 물질의 온도를 상당히 높여서 달성되었다.[10]

미국 고등학교 교과서에 나오는 내용을 살짝 손본 글입니다. 어딘가 이상한 점을 찾았나요? 모순적인 내용이 있습니다.

두 번째 문장에서는 지금까지 특정 물질을 저온으로 냉각해야 만 초전도성을 얻을 수 있다고 했다가, 마지막 문장에서는 특정 물질의 온도를 높여야 한다고 마무리하죠. 이 모순점을 미국 고등학생의 40% 정도는 알아차리지 못했습니다. 이들에게 읽은 내용을 회상하게 했더니 마지막 문장보다 첫 문장을 두 배로 더 많이 기억했습니다. 이 결과는 초두 효과primacy effect 때문입니다. 글을 읽을 때 첫 내용은 속으로 되뇌기 쉬워 기억을 잘할 수 있지만, 문장이 늘어날수록 정보 간에 간섭이 일어나 내용을 잘 기억하지 못하게 되는 현상이죠. 이 때문에 글의 후반부에서 전반부와 전혀 다른 내용이 나오더라도 이상한 점을 알아채지 못하는 겁니다. 중간에 삽입된 문장이 많아질수록 그럴 가능성이 높아집니다.

독서를 할 때 우리는 세부적인 내용을 쉽게 놓칩니다. 같은 글 안에서 논리가 상충하는 문장이 있을 거라고 생각하지 않죠. 어쩌면 당연합니다. 왜냐하면 효율적인 읽기를 위해 요지를 중심으로 상황 모형을 구축하는 데 집중하고, 상대적으로 덜 중요한 내용은 가볍게 훑어보는 방식의 전략을 선택하기 때문입니다. 게다가 웬만한 글은 예시처럼 큰 모순점을 가지고 있지도 않죠. 한 문장 한 문장에 담긴 논리를 꼼꼼히 살피면서 읽는 것은 비효율적일뿐더러 거의 불가능한 일입니다. 하지만 우리가 알아두어야 할 것은 우리가 글을 읽을 때 내용의 일부만 이해하면서도 상당히 많은 부분을 이해하고 있다고 스스로 착각한다는 점입니다.

## 알고 있다는 착각에서 벗어나는 방법

그렇다면 독해 과신과 얕은 처리는 어떻게 극복할 수 있을까요? 먼저 독해 과신에 대처하기 위해서는 자신의 실력을 과대평가하지 않아야 합니다. 그런데 자신의 실력을 객관적으로 평가하기란 쉽지 않죠. 의도치 않은 과대평가를 어떻게 극복할 수 있을까요? 방법은 간단합니다. 글을 읽고 나서 자신의 이해 수준을 100점을 만점으로 하여 평가한 다음, 고등학교 때 자신의 국어 점수를 기준으로 1등급은 10점, 2등급은 20점… 이런 식으로 점수를 덜어내면 됩니다. 예를 들어 국어 성적이 3등급인 학생이 글을 두 번 읽은 후 자신의 이해 수준을 90점이라고 평가했다면, 실질적인 독해 실력은 90점에서 30점을 뺀 60점으로 가늠해볼 수 있습니다.

국어 점수나 등급을 명확하게 알 수 없는 경우에는 자신의 언어 능력을 주변 사람과 비교해보세요. 지인에 비해 언어 능력이 뛰어나면 10점, 비슷하다면 20점, 조금 부족하다면 30점을 덜어내면 됩니다. 이렇게 점수를 조정하면 과잉 확신을 줄일 수 있습니다. 만약 자신의 독해 수준이 70점 이하라면 처음 글을 읽고 난 후 잠시 시간차를 두어 한두 번 더 읽으세요. 같은 글을 여러 번 읽으면 정보를 더 잘 기억할 수 있습니다.

얕은 처리를 극복하기 위해서는 일관성 기준standards of coherence을 조정하는 방안을 활용할 수 있습니다. 일관성이란 글을 구성하는 원리 중 하나로, 글이 논리적인 구조에 따라 전개되는 성질을 뜻합니다. 사람들은 보통 일관성을 국소적으로만 판단합니다. 대충 인접한 문장들 사이에 모순이 없다면, 전체적으로도 모순이 없다고 오인하는 것이죠. 따라서 글의 장르와 글을 읽는 목적, 배경지식 등을 고려해 적절한 수준의 일관성 기준을 설정해야 합니다. 예를 들어 자신 있는 주제에 대한 글은 3~5문단마다 한 번씩 전체적인 일관성을 점검하고 그렇지 않은 주제에 대한 글은 각 문단마다 점검해 각각의 이해 수준을 숫자로 기록하는 것입니다. 요지를 파악하기 위해 세부 내용을 간과하면 얕은 처리가 일어나고, 세부 내용에 지나치게 집중하면 쉽게 지쳐 글 전체에서 주장하려는 핵심을 파악하지 못할 수 있습니다. 나무와 숲을 모두 조망할 줄 아는 여유를 갖추는 것이 좋습니다.

만약 해당 분야에 대한 지식이 거의 없어 자신의 이해 수준을 파악하는 것조차 어렵다면, 일단 나무보다 숲을 먼저 봐야 합니다. 모르는 부분은 일단 넘어간 다음 전체적인 구조를 먼저 생각하는 것이 좋습니다. 시간과 기회가 된다면 관련 자료를 더 찾아보거나 그 분야에 대해 더 많이 알고 있는 누군가에게 물어서 해결할 수도 있죠. 어쩌면 예상치 못한 곳에서 힌트를 얻을 수도 있습니다. 당장 해결되지 않는 부분에 집착하는 대신 표시만 해두고 넘어갔다가 나중에 돌아가서 그 의미를 생각해보는 것도 바람직한 읽기 전략입니다.

글을 읽으며 수시로 내용을 정리해 기록해두거나 스스로에게 설명해보는 방법도 정확한 독해 점검에 도움이 됩니다. 일반적으로 독해력이 높은 사람들은 어려운 글을 읽을 때 자발적으로 이런 방법을 씁니다. 독해력이 높지 않은 사람들은 훈련을 통해 자기 설명 능력을 키워나가야 합니다. 다음에 나올 내용을 예측하거나, 읽은 내용을 다른 표현으로 바꾸어 말해보고, 원래 알고 있던 내용과 이어지는 부분은 없는지 떠올려보거나, 흩어져 있는 정보를 관련 있는 것들끼리 묶어보는 등 다양한 전략을 사용할 수 있습니다. 읽은 내용을 기존의 지식과 연결하는 한편 자신의 언어로 표현하는 훈련이죠. 각각의 정보를 하나의 체계로 만들어나가는 과정이 중요합니다.

# 점검표로 독해 결과 기록하기

독해는 여러 차원의 지식을 통합하여 하나의 완성된 상황 모형을 구축하는 과정입니다. 이 과정은 어휘나 표현의 이해, 문장이나 문단 간 연결성 파악, 핵심 주장과 근거의 타당성 파악 등을 모두 포함합니다. 하나의 글을 훑어보기, 찾아보기, 선형적 읽기, 꼼꼼히 읽기, 소리 내어 읽기를 통해 이해하고, 반성적 읽기도 시도했다면 이제 독해의 결과를 정리할 차례입니다.

다음 페이지에 제시된 일련의 질문은 본래 글쓰기를 돕기 위해 독일 프라이부르크대의 마티아스 뉘클레스Matthias Nückles 교수와 동료들이 만든 목록을 변형하고 확장한 것입니다. 독해 정리에 활용할 수 있죠.[11]

이 질문 목록은 인지와 메타인지 수준으로 나뉩니다. 인지 수준의 질문 목록은 글의 형식과 내용을 파악하기 위한 질문들을 모아놓은 것입니다. 목적에 따라 다시 조직화와 정교화로 나뉩니다. 먼저 조직화는 핵심 주장을 파악하고 기록하기 위한 질문입니다. 글의 구조를 이해하고 상황 모형을 구축해나가는 데 도움이 되죠. 반면 정교화는 공부 내용을 이해하기 위한 질문입니다. 아는 부분과 모르는 부분을 명료하게 한 다음, 배운 지식을 이전 지식이나 다른 개념과 연결할 수 있죠.

## 표 2. 독해 정리를 위한 질문 목록

| 인지적 질문 |
| --- |
| **상황 모형 완성을 위한 조직화 질문** |
| 내용을 한 문장으로, 한 문단으로 요약한다면? |
| 제목이나 소제목을 이용하여 마인드맵을 그린다면? |
| 복잡한 과정을 그림으로 그린다면? |
| **깊은 정보 처리를 위한 정교화 질문** |
| 이해되지 않는 부분을 질문으로 만든다면? |
| 새로운 어휘나 표현, 개념을 정리한다면? |
| 이전에 배운 내용과 연결한다면? |
| 핵심 개념을 비슷한 다른 개념과 비교한다면? |
| 추상적 개념에 대한 구체적인 사례를 제공한다면? |
| 글을 읽지 않은 친구가 이해할 수 있도록 가르친다면? |
| 글에서 도출할 수 있는 시사점은? |
| 제시된 근거를 다르게 해석할 여지가 있다면? |
| 제시된 주장과 다른 주장을 펼친다면? |
| 문제점이 눈에 띌 경우, 대안을 제시한다면? |
| 전반적으로 글을 평가한다면? |

| 메타인지적 질문 |
| --- |
| 점검을 위한 질문 |
| 글을 읽는 목적을 달성했는가? |
| 무엇이 어렵고, 왜 어려운가? |
| 아직 이해하지 못한 내용은 무엇인가? |
| 글을 읽으면서 파악한 독해의 문제점은 무엇인가? |
| 글에서 충분히 명료하게 서술되지 않았다고 생각하는 부분은? |
| 드러나지 않은 전제는 무엇인가? |
| 근거로부터 주장을 이끌어내는 데 논리적인 오류가 없는가? |
| 개선 방안 계획을 위한 질문 |
| 지금 이해하지 못하는 부분을 해결할 가능성은 얼마나 있는가? |
| 해결할 수 없다면, 왜인가? |
| 해결할 수 있는 부분은 언제 어떻게 해결할 수 있는가? |

메타인지 수준의 질문 목록은 단순 텍스트를 넘어 독자 자신이 정보를 처리하는 과정에 주목합니다. 이 목록은 점검을 위한 질문과 개선 방안 계획을 위한 질문으로 나뉩니다. 점검 질문은 아직 이해하지 못한 부분이 무엇인지 파악하기 위한 질문이고, 개선 방안 계획 질문은 독해 과정에서 생긴 문제를 어떻게

해결할 수 있을지 고민하게 만드는 질문입니다.

글을 읽을 때마다 목록의 모든 질문에 답변할 필요는 없습니다. 그럼에도 가능한 한 많은 질문에 답하며 읽는다면 글에 대한 이해를 심화할 수 있습니다. 한 편을 읽더라도 다각적으로 읽으면 생각이 깊어지고 내용을 오래 기억할 수 있습니다. 다 이해했다고 생각했는데 한두 가지 질문에도 제대로 답변할 수 없다면 다시 읽어야 합니다. 다른 사람과 함께 글을 읽은 후 질문 목록을 활용해서 토론하면 더욱 좋습니다.

인류가 문자를 사용하기 시작한 때는 5,000년 전입니다. 문자의 사용은 인류 역사에서 혁명적인 전환점이었습니다. 문자의 발명으로 인류는 삶의 기록을 후대에게 전할 수 있게 됐죠. 갈릴레오 갈릴레이Galileo Galilei가 문자를 "인간 정신의 가장 위대한 창조물"[12]이라 칭한 것은 문자가 지식, 기술, 지혜의 축적을 가능하게 하여 체계적인 교육과 비약적인 기술 발달을 촉진했기 때문입니다. 문자를 읽는다는 것은 5,000년 전부터 쌓여온 인류의 유산을 누리는 일입니다. 이번 강의를 통해 여러분이 '거인의 어깨' 위에 서서 세상을 바라볼 수 있기를 기대합니다.

# 실전 독해: 읽기의 4단계

이제 지금까지 설명한 방식대로 읽기 연습을 해볼까요? 이를 위해 미국의 과학사가인 토머스 쿤Thomas Kuhn의 『과학혁명의 구조』 서론 앞부분을 읽어보죠. 원글의 난도가 높은 데다가 번역 과정도 거치다보니 읽기에 조금 어려울 수도 있습니다. 처음부터 꼼꼼하게 읽기보다는 가장 기본적인 읽기 방법 네 가지, 즉 훑어보기, 선형적 읽기, 꼼꼼하게 읽기, 그리고 글로 정리하며 반성적으로 읽기를 단계적으로 활용하기 바랍니다. 우선 한번 훑어보죠.

## 서론: 역사의 역할

만일 역사가 일화나 연대기 이상의 것들로 채워진 보고라고 간주된다면, 역사는 우리가 지금 홀려 있는 과학의 이미지에 대해서 결정적인 변형을 일으킬 수 있을 것이다. 심지어 과학자들 자신도 그런 이미지를 주로 완결된 과학적 업적들에 대한 연구로부터 만들었는데, 이런 업적들은 예전에는 과학 고전에 기록되고 그리고 보다 최근에는 과학의 새로운 세대가 과학이라는 직업을 훈련하기 위해서 배우는 교과서에 기록된 것들이다. 그러나 이러한 저작들의 목적은 필연적으로 설득과 교육을 위한 것이다. 그런 것들로부터 얻은 과학의 개념이란 마치 어느 국가의 문화의 이미지를 관광안내책자나 어학 교본에서 끌어낸 격이나 다를 바 없이 실제 활동과는 잘 맞지 않는다. 이 책은 근본적으로 우리가 그런 것들에 의해서 오도되어왔다는 것을 밝히려고 한다. 이 글이 겨냥하는 것은 연구 활동 자체의 역사적인 기록으로부터 드러날 수 있는 전혀 새로운 과학의 개념을 그리는 것이다.

그러나 과학 교과서로부터 얻게 되는 비역사적인 상투적 서술이 제기하는 질문에 답하기 위해서 역사적인 데이터를 찾고 조사하는 것이라면, 역사를 살펴보았자 새로운 과학 개념은 나타나지 않을 것이다. 예를 들면, 이런 교과서들은 흔히 과학의 내용이란 교과서의 내용 속에서 설명된 관찰, 법칙 그리고 이론에 의해서 고유하게 예시되는 것 같은 인상을 풍긴다. 거의 예외 없이, 이런 책들은 과학적 방법들이 단순히 교과서의 데이터를 모으는 데에 쓰인 조작적인 테크닉과 이 데이터를 교과서의 이론적 일반화에 연관시키는 과정에 적용된 논리적 조작에 불과하다고 말해주는 것으로 읽혀왔다. 그 결과가 바로 과학의 본질과 발전에 대한 중대한 함의를 가진 과학 개념이 되었다.

만일 과학이 요즘의 교재에 실린 사실, 이론, 방법의 집합이라면, 과학자는 성공적이든 성공적이지 않든 간에 그 특정한 집합에 한두 가지 요소를 보태기 위해서 온갖 애를 쓰는 사람이 된다. 과학의 발전은 과학적 테크닉과 지식을 이루면서 날로 쌓여가는 자료 더미에, 하나씩 또는 여러 개씩 이들 항목이 덧붙여지면서 차츰차츰 진행되는 과정이 된다. 그리고 과학사는 이러한 연속적인 누적과 이 누적을 방해한 장애물의 연대기를 기록하는 분야가 된다. 그렇게 되면, 과학사학자는 과학의 발전과 관련해서 두 가지 주요 임무를 띠게 된다. 그는 한편으로는 지금의 과학적인 사실, 법칙, 이론이 과거에 언제, 누구에 의해서 발견되었거나 창안되었는가를 일일이 확인해야 한다. 다른 한편으로는 현대의 과학 교과서를 구성하는 내용이 보다 빠르게 누적되는 것을 방해해온 오류, 신화 그리고 미신의 퇴적 더미를 찾아내고 설명해야 한다. 많은 연구들이 이런 목표를 겨냥해서 이루어졌으며, 더러는 지금도 그렇게 진행되고 있다.

그러나 최근에 몇몇 과학사학자들은 누적에 의한 발전이라는 개념이 그 기능을 완수하기가 점점 더 어려워지고 있다고 느낀다. 점증하는 과정에 대한 연대기 기록자로서 그들은 깊게 파고들수록 다음과 같은 물음에 답하기가 더욱 곤란해진다는 것을 발견한다. 산소는 언제 발견되었는가? 에너지 보존에 대해서 처음으로 알아낸 사람은 누구인가? 일부 과학사학자들은 점차 이러한 질문이, 묻는 것 자체가 잘못된 유형의 질문이라고 생각한다. 아마도 과학은 개별적인 발견과 발명의 누적에 의해서 발달되는 것이 아닐 수 있다. 그와 동시에 바로 이 학자들은 과거의 관찰과 믿음에서 온 "과학적인" 요소를, 그들의 선대 과학자들이 주저하지 않고 "오류"와 "미신"이라고 못 박았던 것들로부터 구별하는 데에서 점차 곤경에 빠지고 있다. 이를테면 아리스토텔리스의 역학, 플로지스톤(phlogiston: 물체가 연소할 때 물체에서 빠져나간다고 가정되었던 가상적 입자/역주) 화학, 칼로릭(caloric: 물체에 들어와서 물체의 온도를 높인다고 가정되었던 가상적 입자/역주) 열역학을 자세히 연구하면 할수록, 과학사학자들은 자연에 대해서 그 당시를 풍미했던 견해들이 전반적으로 보면 오늘날 받아들이는 것보다 덜 과학적인 것도 아니요, 인간의 특이한 기질의 산물도 아님을 느끼게 된다. 시대에 뒤지는 이러한 믿음을 신화라고 부르기로 한다면, 신화는 현재에도 과학적 지식에 이르는 동일한 유형의 방법에 의해서 생성될 수 있고, 동일한 유형의 이치에 의해서 받아들여질 수 있는 것이 된다. 다른 한편으로 그런 것을 과학이라고 부르기로 한다면, 과학은 현재 우리가 가진 것들과는 상당히 부합되지 않는 믿음의 집합을 포함한 것이 된다. 양자택일을 해야 한다면, 과학사학자는 후자를 선택해야 한다. 시대에 뒤진 이론들이 폐기되었다는 이유로, 원칙적으로 비과학적인 것은 아니기 때문이다. 그러나 이 선택은 과학의 발전을 누적의 과정으로 보기 어렵게 만든다. 개개의 발명과 발견을 분리하는 데에 곤란함을 드러내는 바로 이러한 역사적인 연구는, 이들 개별적인 기여들이 모여서 이루어진다고 사료되는 누적적인 과정에 대해서 심각한 회의를 일으키는 원천이 된다.

— 토머스 쿤 지음, 김명자·홍성욱 옮김, 『과학혁명의 구조』, 까치, 2022년, 61-64쪽.

## 훑어보기

필자가 어떤 주제에 대해 어떤 주장을 펼치는지 확인한다.
글이 어떻게 구조화되어 있는지 파악한다.

이 글은 어떤 주제를 다루나요? 간단히 도서의 제목과 서론의 부제만 살펴봐도 과학 분야에서 역사가 어떤 역할을 하는지 소개할 거라고 예상할 수 있습니다. 그렇다면 필자는 대략 어떤 주장을 펼치나요? 첫 문단을 보면 우리가 특정 이미지로서의 과학에 홀려 있고, 이로 인해 오도되어왔다는 사실을 밝히며 새로운 과학의 개념을 제시하겠다고 말하죠. '이 책은~', '이 글이

겨냥하는 것은~' 과 같은 표현에 집중하면 훑어보기 단계에서도 핵심 메시지를 파악할 수 있습니다.

이어지는 문단에서 필자는 과학 교과서에서 얻게 되는 정보들로는 새로운 과학 개념을 발견할 수 없다며, 지금껏 우리가 과학을 바라보았던 시선에 문제를 제기합니다. 구체적인 내용을 파악하지 못해도 괜찮습니다. 어떤 주제를 다루고, 어떤 흐름으로 내용을 전개해가고 있는지 정도만 간단하게 파악해도 충분합니다.

## 선형적 읽기

모르는 부분을 표시해둔다.
이해하지 못한 부분이 있더라도 전체 구조를 파악한다.
요지를 한두 문장으로 요약한다.

이제 우리는 필자의 주장을 확실히 알고 있습니다. 지금까지 생각해온 과학의 이미지에서 벗어나 과학을 새롭게 인식해야 한다는 것. 이 사실을 염두에 두고 다시 처음으로 돌아가 선형적으로 글을 읽어보겠습니다. 읽으면서 잘 이해되지 않는 표현이나 문단을 표시하며 전체적인 구조와 내용을 파악해보세요.

먼저 필자는 과학의 이미지를 변형하기 위해서 역사를 단순 일화나 연대기 이상의 것으로 생각해야 한다고 말합니다. 지금 우리가 가지고 있는 이미지는 과학 고전이나 교과서에서 배운 것이죠. 이는 단순히 설득과 교육을 위한 과학이므로 실제 활동과는 잘 맞지 않습니다. 이에 따라 새로운 과학 개념의 필요성을 주장하죠.

기존의 과학 교재는 단순히 관찰을 통해 찾아낸 법칙을 일반화해 이론으로 다루고 있을 뿐이며, 이는 과학의 본질과 발전에 대한 중대한 함의를 지니고 있습니다. 만약 과학적 데이터가 단순히 사실을 나타내고, 이론을 만드는 요소일 뿐이라면, 과학의 역사도 그저 데이터의 누적일 뿐이죠. 과학자의 역할 또한 데이터가 사실인지 아닌지를 확인하는 것에 불과하고요.

그러나 이러한 인식은 최근 들어서 한계를 보이고 있습니다. 역사를 깊게 파고들수록 답하기 어려운 질문이 늘어나기 때문입니다. 게다가 현대에 이르러 과학인 것과 과학이 아닌 것을 구분하기 어려워지고 있다며, 필자는 선대 과학자들의 이분법적 태도를 지적합니다. 그들이 오류와 미신이라고 주장했던 것들이 마냥 과학적이지 않다고 단정할 수 없기 때문입니다. 시대에 뒤진 이론도 과학의 영역으로 볼 수 있으므로 더 이상 발견

과 발명의 누적으로만 과학을 설명하기 어렵다는 메시지에 도
달합니다. 서론의 성격에 맞게 새로운 인식의 필요성을 계속해
서 강조하고 있습니다.

각 문단의 내용을 바탕으로 글의 요지는 과학은 단순히 정
보의 발견과 누적이 아니라는 것, 과학과 과학이 아닌 것을 분
명하게 구분할 수 없다는 것임을 알 수 있습니다.


## 꼼꼼히 읽기

이해하지 못한 부분의 단어나 문장을 다각도로 분석해본다.

관련 자료를 두어 가지 찾아본다.


다음은 이해하지 못한 부분에 집중하는 꼼꼼히 읽기 단계입니
다. 이때는 어려웠던 부분을 차례로 확인하되 중요한 부분에 중
점을 두어야 합니다. 중요하지 않은 부분은 다시 훑어보는 것만
으로 충분합니다.

전체 흐름을 염두에 두면서 모르는 부분을 살펴보면 선형적
읽기 단계에서 발견하지 못했던 것을 새롭게 알게 되는 순간이
옵니다. 첫 문단에 있는 "심지어 과학자들 자신도 그런 이미지

를 주로 완결된 과학적 업적들에 대한 연구로부터 만들었는데"라는 부분에 주목해봅시다. 우리가 흘려 있는 과학의 이미지를 완결된 과학적 업적들에 대한 연구로부터 만들어왔다는 문장이 도대체 무슨 의미일까요? 선형적 읽기만으로는 이해하기 힘듭니다. 하지만 전체적으로 내용을 파악한 다음 다시 꼼꼼하게 읽으면 보이는 것들이 있습니다. 세 번째 문단에서 추측할 수 있듯이 과학사를 지식의 누적과 누적을 방해한 요소의 연대기로 인식하는 관점에서는 정보가 가장 많이 누적된 오늘날의 과학이 가장 바람직하다고 볼 겁니다. 이것이 바로 '완결된 과학적 업적'인 겁니다. 그러므로 이 문장은 현재의 업적에 반하는 신화와 미신을 밝히는 과학자들의 태도가 오히려 잘못된 과학 개념을 더 강화한다는 뜻이죠.

이렇게 파악한 내용을 가지고 조금 더 읽어볼까요? 네 번째 문단을 보면, 이미 '완결된 과학적 업적'이 누구에 의해 어떻게 시작되었는지 밝히는 일은 점점 더 어려워지고 있습니다. 그러므로 과학이 절대적으로 완결되었다고 확신할 수 없습니다. 앞서 말했듯이 과학과 비과학을 정확하게 구분하기란 불가능합니다. 오늘날 비합리적인 것으로 보이는 이전 시대의 지배적인 견해들에도 나름대로 합리적인 부분이 있기 때문이죠. 그렇다면 오늘날의 과학에도 어쩌면 미래에 받아들여지지 않을 수 있는 믿음이 포함되어 있다는 추론이 가능해집니다. 따라서 과학이 개별적인 발견과 발명의 누적에 의해 발전한다는 견해에는 한계가 있습니다.

이처럼 글을 반복해서 읽다보면 이해하기 어려웠던 것들을 갑자기 깨닫게 되는 순간들이 있습니다. 글의 전체적인 흐름이 배경지식으로 작용하여 독해 수준을 높여준 겁니다. 꼼꼼히 읽기를 통해 어려웠던 부분을 해결해갈 때, 지적 성장을 이루고 독해의 묘미를 맛보게 됩니다.

사실 어려운 부분을 반복적으로 읽는 순간이 독해에서 가장 힘든 부분이죠. 집중해서 읽기가 쉽지 않을뿐더러 특정 부분을 여러 번 읽으며 문장의 의미와 논리를 다양한 차원에서 분석하는 일은 만만치 않습니다. 아무리 읽어도 내용을 이해할 수 없다면 관련 자료를 찾아보거나 누군가에게 물어보는 것이 좋습니다. 『과학혁명의 구조』는 워낙 유명한 책이라 인터넷 검색을 통해 다양한 자료를 얻을 수 있습니다. 그중 하나에 따르면, 토머스 쿤은 아리스토텔레스Aristoteles의 역학과 뉴턴의 역학은 우열 관계에 있는 것이 아니라 서로 다른 것일 뿐이라고 주장했다고 합니다.[1] 전자는 선대 과학자들이 '미신'이라고 생각하는 것, 후자는 오늘날 정설로 받아들여지는 '과학'입니다. 토머스 쿤은 이를 옳고 그름의 문제로 생각하지 않고 자연 현상을 바라보는 서로 다른 시선으로 동등하게 본 겁니다. 이를 통해 그의 주장을 더 명확히 알 수 있습니다. 바로 절대적인 미신도, 절대적인 과학도 없다는 것 말이죠. 이처럼 직접 자료를 찾아보면 글의 의미를 더 구체적으로 이해할 수 있습니다. 그렇지만 추가 자료를 무한정 찾아보지는 마세요. 자료를 본격적으로 탐색하기 시작하면 끝이 없습니다. 하나의 문제에 오랫동안 몰입하는 것은 비효율적입니다. 전체적인 공부 시간을 고려해 너무 많은 시간을 쓰지 않도록 해야 합니다. 어느 정도 노력해도 진전이 없으면 적당히 덮어둘 수 있어야 합니다. 어떤 부분은 나중에 해당 분야의 지식이 축적되면서 해결되는 경우도 많으니 너무 조급해하지 않아도 됩니다.

## 반성적 읽기

'독해 정리를 위한 질문 목록'을 이용하여 질문을 만들고 답을 찾는다.
자신이 이해한 내용을 간략히 글로 쓴 다음 확인한다.
글의 장단점, 인상적이거나 아쉬운 부분, 의문점 등을 기록한다.

마지막 단계는 글로 정리하며 반성적으로 읽기입니다. 핵심 주장과 근거를 중심으로 지금까지 이해한 내용을 자신만의 언어로 정리합니다.

예를 들어 마지막 문단에서 필자가 제시하는 두 관점과 논리적인 흐름을 정리하면 다음과 같습니다.

### 이전 시대의 과학 이론에 대한 두 가지 관점

① 신화로 바라보는 관점: 현대 과학도 이전 시대와 동일한 과정을 거쳐 신화로 전락할 수 있음.

② 과학으로 바라보는 관점: 현대 과학에서 채택하지 않는 견해도 모두 과학의 영역으로 편입해야 함.

→ 어떠한 관점에서도 과학사의 발전을 지식 누적의 연대기로만 설명할 수는 없음.

∴ 과학의 이미지를 새롭게 구축해야 함.

중요한 글이라면 꼼꼼히 읽기 단계를 끝낸 후 적어도 한두 시간 이후에 다시 읽어보는 것이 좋습니다. 꼼꼼히 읽기 단계에서 이해한 내용이 얼마만큼 장기 기억으로 넘어갔는지를 확인할 수 있기 때문이죠. 그다음에 자신이 정리한 내용이 맞는지를 확인하기 위해 필요한 부분을 다시 읽습니다. 이 확인 과정이 끝나면, 정리한 내용을 바탕으로 글에 대한 정서, 장단점, 개인적으로 배운 점, 혹은 의문점 등을 기록해보세요. 배운 것을 더 오래 기억할 수 있고 생각이 깊어집니다.

　단계별로 읽기 연습을 같이 해봤는데, 어떤가요? 이제부터는 여러분 스스로 이 연습을 반복해야 합니다. 우선 훑어보기는 글의 길이에 따라 차이가 있겠지만, 1~3분 정도로 끝내면 됩니다. 다음으로 선형적 읽기, 꼼꼼히 읽기, 반성적 읽기는 초심자라면 각각 3:5:2의 비율로 연습 시간을 분배하고, 어느 정도 자신감이 생기면 반성적 읽기에 더 많은 시간을 할당하여 3:3:4의 비율로 읽어보세요. 배경지식이 많아질수록 점차 반성적 읽기의 비중을 늘리면서 생각을 정리하는 것이 바람직합니다. 이 가이드라인을 참고하면서 적절하게 시간을 배분하면 효율적으로 글을 읽는 데 도움이 될 겁니다.

# 생각의 진화:
# 질문과 토론, 실패의 기술

✳

인류는 오래전부터 호기심을 해결하고 진리를 탐구하기 위해 질문을 활용해왔습니다. 소크라테스Socrates는 문답을 통해 제자들이 스스로 깨달음을 얻고 결론을 내릴 수 있도록 가르쳤죠. 불교에서도 진리를 찾기 위해 '선문답'을 주고받습니다. 겉으로는 동문서답 같아 보이지만 그 속에 생각할 거리를 담아두는 질문과 답변을 의미하죠. 이처럼 질문은 우리가 스스로 생각할 수 있는 힘을 길러줍니다. 이번 강의에서는 궁금한 것을 묻고 답을 찾아가는 과정, 즉 질문과 토론에 대해 알아봅니다. 그 과정에서 나와 다른 의견을 수용하는 태도와 실패를 통해 배우고 발전하는 자세도 함께 살펴볼 겁니다.

# 인지적 저울, 스키마

아인슈타인은 "가장 중요한 것은 질문을 멈추지 않는 것"이라고 말했습니다. 질문의 중요성을 대체 왜 이렇게까지 강조했을까요? 궁금한 것을 해소하는 것을 넘어 질문은 어떠한 의미를 가질까요?

평소에 알고 있던 지식과 정반대의 내용을 알게 되면 누구나 긴장합니다. 이를 인지적 균형이 깨진 상태라고 표현하기도 합니다. 스트레스 상황에서 신체의 항상성이 깨지는 것과 같죠. 개개인이 가지고 있는 배경지식이나 인식 구조를 심리학에서는 스키마schema라고 부릅니다.

무언가 새로운 지식을 마주쳤을 때 인간의 뇌는 바빠집니다. 새롭게 알게 된 내용과 원래 알고 있는 것을 비교해야 하기 때문이죠. 두 가지가 논리적으로 쉽게 연결된다면 기존의 스키마만으로도 새로운 것을 받아들일 수 있을 겁니다. 이를 동화라고 합니다. 이와 달리 배경지식으로는 설명하기 어려운 내용에 직면하면 인간은 인지적인 균형을 되찾기 위해 기존의 스키마를 수정하려고 합니다. 이를 조절이라고 하죠. 동화와 조절의 과정을 거쳐 우리의 스키마는 더욱 확장됩니다. 이것이 바로 공부죠. 이 과정에서 가장 중요한 역할을 하는 것이 '질문'입니다.

아이가 태어나 사과를 처음 알게 되는 모습을 상상해봅시다. 부모님이 빨간색의 매끄럽고 동그란 물체를 두고 사과라고 가르쳐줍니다. 맛있다는 걸 보여주려고 아이가 보는 앞에서 직접 먹어보기도 하겠죠. 사과의 맛이 궁금한 아이는 부모님에게 "무슨 맛이야?"라고 묻습니다. 한 입 베어 물고는 새로운 사실을 알게 되죠. 사과는 아삭한 식감과 단맛이 특징인 과일이라는 것을요. 이렇게 아이는 새로운 정보를 습득하고 '사과 스키마'를 확장해갑니다. 이후로 조금 찌그러진 사과나 껍질이 주황색에 가까운 사과를 보더라도 그것이 '사과'라는 것을 인지할 수 있게 됩니다. 이처럼 알고 있던 것과 다른 특징을 가진 사과도 기존에 가지고 있던 사과의 개념에 포함하는 것이 동화에 해당합니다. 그런데 어느 날 감히 상상도 할 수 없었던 초록색 사과가 아이의 눈앞에 나타납니다. 사과는 무조건 붉은색인 줄 알았던 아이는 당황하기 시작합니다. "사과가 왜 초록색이야?" 아이의 물음에 부모님은 초록색 사과도 있으며, 빨간색 사과보다 더 새콤달콤하다고 알려줍니다. 아이는 이제 자신이 가지고 있던 스키마를 수정하고, 초록색 사과도 사과 스키마에 통합합니다. 이것이 바로 조절이죠.

이처럼 질문은 우리의 지적 호기심을 충족하면서 지식을 심화하는 중요한 공부 도구입니다. 얕은 지식에서 깊은 지식으로 들어가는 통로인 셈이죠. 나아가 질문은 공부 내용에 대한 이해도를 점검할 수 있게 하는 것은 물론 공부 동기와 흥미도 높여줍니다.[1] 호기심에서 출발해 질문을 던지고 다른 사람의 답변을 통해 사고를 확장하는 과정은 문제해결을 위한 공부의 원동력입니다.

## 질문 사용 설명서

질문을 활용해 효과적으로 공부하기 위해서는 먼저 공부 목표를 '내용 이해하기'가 아닌 '질문하기'에 두는 것을 추천합니다. 공부라는 게 무엇을 알기 위한 활동이라고 생각하는 우리에게 공부의 수단인 질문을 아예 목표로 삼으라니, 어딘가 이상하죠? 하지만 이 방법의 효과를 실증적으로 뒷받침하는 연구가 있습니다. 서울 소재 대학의 재학생 86명을 대상으로 진행한 연구입니다. 생물학 분야의 동일한 주제를 바탕으로 학습 방법과 학습 목표를 달리했을 때 학생들의 이해도가 얼마나 달라지는지 살펴보았습니다. 학습 방법은 '강의 듣기'와 '교재 읽기'로 구분하고, 학습 목표는 '이해하기'와 '질문하기'로 나누었습니다. 학습 목표를 이해로 설정한 집단에게는 "학습이 끝난 후 이해도를 평가하는 테스트가 있음"을 강조했습니다. 그리고 학습 목표를 질문으로 설정한 집단에게는 "학습이 끝난 후 질문을 해야 하고 그 질문으로 평가받게 될 것"을 강조했죠.

연구 결과 학습 방법과 무관하게 질문을 목표로 삼은 집단이 더 많은 수의 좋은 질문을 만들어냈습니다. 더 놀라운 점은 질문 집단이 이해 집단보다 학습 내용을 더 잘 이해했다는 겁니다. 생물학 분야뿐 아니라 법학을 주제로 한 내용을 다룰 때도 결과는 같았습니다.[2] 대다수의 학생들은 내용 이해만을 학습 목표로 삼기 때문에 질문을 하지 않는데요. 역설적이게도 이런 경우 이해 수준이 그다지 높아지지 않습니다. 책을 읽거나 강의를 들을 때 질문하는 행위 자체에 초점을 두어보세요. 그 과정에서 이해는 저절로 따라올 겁니다.

예습 과정에서도 교재를 간단히 읽으며 질문을 만들어보세요. 이때 질문의 유형을 이해하기 어려운 부분에 대한 질문과 더 알고 싶은 내용을 묻는 질문으로 세분화하는 것도 좋습니다. 이렇게 만들어놓은 질문은 더 적극적으로 수업에 참여할 수 있도록 동기를 부여하고, 집중해야 할 내용을 명확하게 알려줍니다.

단순 질문뿐만 아니라 시험 문항을 만들어보는 것도 좋습니다. 대학생을 두 집단으로 나누어 한 집단에게는 공부한 내용에 대해 시험 문항을 만들게 하고, 다른 집단에게는 배운 내용을 복습하게 했는데, 문항을 직접 만든 집단이 시험에서 더 높은 점수를 받았습니다.[3] 출제자의 입장에서 내용을 검토하면 더 예리하고 객관적인 시선에서 어떤 내용이 왜 중요한지를 더 많이 생각하게 되기 때문이죠. 이때 출제 내용도 중요합니다. 자료에서 바로 확인할 수 있는 사실 문항보다는 추론 과정을 요구하는 개념 문항이 내용을 깊게 이해하는 데 도움이 됩니다.

## 호모 프롬프트

과제를 할 때나 글을 쓸 때, 혹은 그저 호기심으로라도 한 번쯤은 ChatGPT를 써봤을 겁니다. ChatGPT를 사용할 때는 질문을 던져 원하는 답을 얻는 과정, 즉 프롬프트 엔지니어링prompt engineering을 효과적으로 해내는 것이 핵심입니다. 인공지능과 소통하는 능력을 지닌 세대를 일컫는 단어도 생겨났죠. 호모 프롬프트homo prompt, 질문하는 사람이라는 뜻입니다.

원하는 정보를 얻기 위해서는 질문을 '잘' 해야 합니다. 질문에 따라 얻을 수 있는 정보가 달라지기 때문입니다. 예를 들어,

ChatGPT에게 2024년 12월 "한국 교육의 문제점이 무엇인가요?"라고 물으니 10가지 사항을 바로 늘어놓았습니다. 정보가 너무 많아 "이 중에서 가장 시급하게 고쳐야 할 부분은 무엇인가요?"라고 다시 물었더니 과도한 입시 위주 교육과 정답 중심의 평가 시스템이라고 답변을 압축해주었습니다. 구체적인 개선책을 질문했더니 전자에 대해서는 대학 입시 체제의 변화, 고등학교 교육과정의 변화와 관련된 방안을 제시했고, 후자에 대해서는 서술형 및 프로젝트 기반 평가 도입을 제안했습니다. 나아가 구체적인 실행 방안으로 교사 연수 강화와 디지털 플랫폼을 이용한 다양한 기술 도입을 이야기했죠. 이렇듯 꼬리에 꼬리를 무는 질문을 통해 좀 더 구체적인 답변을 얻을 수 있습니다.

ChatGPT에게 질문할 때 중요한 점은 의미 있는 후속 질문을 던지는 것입니다. 이때 배경지식이 풍부할수록 더 세부적인 내용이나 모호한 부분을 파고들며 답변의 타당성을 평가할 수 있습니다. 앞으로 우리는 ChatGPT의 답변에서 한 걸음 더 나아갈 수 있는 질문을 던져야 합니다. 질문의 중요성에 대한 통찰은 19세기 프랑스의 정치가 피에르 마르크 가스통Pierre-Marc-Gaston de Levis의 말에서도 알 수 있습니다. "사람의 능력은 답변이 아니라 질문으로 판단하는 것이 더 쉽다."

그럼 좋은 질문을 하려면 어떻게 해야 할까요? 이제부터 함께 볼 흥미로운 연구가 해답을 줄 겁니다. 미국의 전자 상거래 회사인 아마존은 웹사이트를 통해 연구 참여자를 모집했습니다. 한 단어, 숫자, 예/아니오로 답할 수 있는 질문을 활용해 화면 뒤에 숨겨진 타일의 색과 길이를 알아내는 게임을 진행했죠. 이 과정에서 연구자들은 참여자들이 던진 질문의 질을 수치로 바꾸어 측정했습니다. 어떻게 이걸 측정할 수 있냐고요? 더 많은 정보를 얻을 수 있는 질문에 높은 점수를 부여했습니다.

결과부터 말하자면 사람들은 양질의 질문을 만들어내지 못했습니다. 그러나 여러 개의 질문을 제시하고 가장 좋은 질문부터 순위를 매기게 했을 때 실험 참가자들은 좋은 성과를 보여주었습니다. 좋은 질문을 직접 만들어내지는 못하더라도 더 많은 정보를 얻을 수 있는 질문이 무엇인지 알아볼 수 있었다는 겁니다. 선택지가 많다면 우리는 좋은 질문을 골라낼 수 있습니다.[4] 이 연구로부터 추론해보자면 처음부터 좋은 질문을 하려고 노력하는 대신, 일단 많은 질문을 만들고 나서 그중 몇 개를 골라낸다면 좋은 질문을 만들 수 있을 겁니다. 미국의 노벨 화학상 수상자인 라이너스 폴링Linus Pauling도 이런 취지로 "좋은 질문을 하려면 많은 질문을 던져야 한다"라고 말했습니다. 좋은 질문을 던져야 한다는 부담은 잠시 내려놓고 일단 많은 질문을 던지겠다는 태도로 임해보세요.

# 질문의 기술

물론 질문을 많이 만드는 것도 쉬운 일은 아니지만, 우리가 어렸을 때는 질문을 많이 던졌다는 사실을 떠올려봅시다. 우리는 말을 배우면서부터 질문을 던지기 시작하죠. 1~2세에 "뭐야?"로 시작해 간단한 걸 묻다가 시간이 지나면 "어디?", "왜?"와 같이 더 구체적인 정보를 묻습니다. 그러다 3~4세가 되면 완성된 문장으로 궁금한 것을 물어볼 수 있게 됩니다. 아이들에게 질문은 그야말로 세상을 탐색하는 도구입니다. 하지만 이랬던 아이들이 성장하면서 점점 입을 닫습니다. 무엇 때문에 질문을 하지 않게 된 걸까요?

질문을 하지 못하는 가장 큰 이유는 사람들이 질문을 달가워하지 않는다는 겁니다. 선생님들은 수업 진도를 맞추기 바빠 질문을 잘 받지 않죠. 학생들은 질문하는 친구에게 눈초리를 보내곤 합니다. 선생님도 친구들도 "그것도 모르냐?"라고 말하는 것 같은 기분이 들죠. 괜한 호기심으로 다른 사람의 시간을 빼앗는 것 같아 불편한 마음도 있을 겁니다.

타인의 시선이 부담되는 상황에서는 누구나 질문하기가 쉽지 않습니다. 만약 우리 교실이 질문을 더 환영한다면, 선생님이 덜 가르쳐도 학생들은 더 배울 수 있을 겁니다. 학생이 능동적일 때 공부 성과가 더 두드러지니까요.

학습 내용이 어려울 때도 질문은 쉽게 나오지 않습니다. 학생 스스로가 무엇을 모르는지조차 모르기 때문이죠. 너무 많은 정보에 압도되어 생각할 의욕을 상실하는 경우도 그렇습니다. 여러분의 질문을 막는 건 무엇인가요?

어떤 이유에서든지 질문을 하지 않는 것이 습관으로 굳으면, 입을 떼는 것조차 어렵습니다. 무슨 질문을 어떻게 만들어야 하는지 막막해지죠. 한국 사람들은 학교의 강의실에서든 회사의 회의실에서든 대개 이런 상황에 처해 있을 겁니다.

질문에 서툰 여러분을 위해 질문 방법을 알려드리려고 합니다. 다음 페이지의 질문 생성 가이드를 이용하여 궁금한 것을 모두 질문으로 만들어보는 겁니다. 배운 내용을 거의 이해하지 못했을 때는 하다못해 "오늘 수업이나 강연을 통해 저희가 꼭 알기를 바라는 한 가지는 무엇인가요?"라고 묻는 것도 좋습니다. 꼭 다른 사람이 아니라 스스로에게 물어봐도 괜찮습니다. 질문의 목적은 여러분이 알고 있는 것을 보여주기 위함이 아닙니다. 궁금한 것을 찾아서 문제를 해결하기 위해서죠. 관심이 있는 영역에서는 질문이 저절로 생겨나기도 합니다. 누군가와 사랑에 빠지면 상대방에 대한 호기심을 누를 수 없는 것처럼요. 깊게 파고들수록 관심과 호기심은 더 커질 겁니다.

## 표 3. 질문 생성 가이드

| 이해하기 어려울 때 |
| --- |
| ~은(는) ~와(과) 어떤 관계가 있나요? |
| ~의 구체적인 사례를 들어주실 수 있나요? |
| ~은(는) ~(이)라고 이해하는 게 맞나요? |
| ~을(를) 이해하기 어렵습니다. 추가로 설명해주시겠어요? |
| **더 알고 싶을 때** |
| 이러한 일이 일어나는 이유는 뭐라고 생각하세요? |
| 만일 ~이(가) 일어나면 어떻게 되나요? |
| ~에 대한 대안적 해석은 무엇인가요? |
| ~을(를) 지지하는 증거는 무엇인가요? |
| **타인의 생각이 궁금할 때** |
| 저라면 ~할 것 같은데 어떻게 생각하세요? |
| ~와(과) 다르게 설명할 수는 없을까요? |
| ~에 대한 비판은 무엇인가요? |
| **지식을 활용하고 싶을 때** |
| ~의 실용적 중요성은 무엇인가요? |
| ~의 이론적 중요성은 무엇인가요? |
| ~에 대해 ~(이)라고 생각하는 사람은 어떻게 받아들일까요? |

# 함께 던지는 질문, 토론

질문은 답변을 전제로 합니다. 묻는 사람이 있으면 답하는 사람이 있죠. 같은 질문에 대해서 여러 개의 다양한 답변이 나올 수도 있을 겁니다. 질문과 답변을 통해 더 논리적으로 문제를 해결하는 과정이 바로 토론입니다. 혼자서 질문할 때보다 더 높은 수준의 사고력을 키울 수 있죠.

러시아의 심리학자 레프 비고츠키Lev Vygotsky는 사회적 상호 작용을 통해 인간의 인지 능력이 발달한다고 보았습니다. 그가 제안한 개념 중에는 근접발달영역zone of proximal development이라는 것이 있는데, 스스로 해결할 수는 없지만 교사, 성인, 유능한 또래의 도움으로 발달할 수 있는 영역을 가리킵니다. 이처럼 비고츠키는 경쟁이 아닌 협동이 지적 성장에 미치는 영향에 주목했습니다. 함께 공부할 때 우리는 더욱 나은 사람이 될 수 있습니다. 질문과 토론을 거듭 강조하는 이유도 여기에 있고요.

앞에서 질문의 중요성을 설명하며 예습을 언급한 적이 있죠. 바람직한 수업은 학생들이 예습하는 데서 그치지 않습니다. 그 내용을 수업 시간에 공유하고 질문하는 것도 공부의 중요한 과정입니다. 예습 과정에서 부딪힌 어려움이나 궁금한 점을 질문하고 동료 학생이나 교수자의 도움을 받아 해결한 다음 심화

과제를 함께 탐색해야 합니다. 이를 구현한 수업 방식을 거꾸로 학습flipped learning이라고 하는데, 오래전부터 많은 주목을 받았습니다. 수업 시간을 강의로만 구성하는 기존의 방식을 거꾸로 뒤집는다는 뜻입니다. 학생이 집에서 학습 내용을 미리 공부하고, 실제 수업 시간에는 토론을 통해 또래 학습자 혹은 교사와 상호작용 하는 데 초점을 둡니다.

하지만 일반 학교에서는 이런 수업 방식을 잘 사용하지 않습니다. 학교 시험이나 수능은 여전히 정량적 평가 방식을 사용하기 때문에 토론 중심 수업이 자리 잡기 어렵죠. 그렇다면 여러분들이 나서서 친구들과 스터디 그룹을 만들어보는 것은 어떨까요? 3~4명 정도 스터디 그룹을 만들어 규칙적으로 만날 것을 추천합니다. 직접 얼굴을 보면 좋겠지만 사정이 여의치 않다면 화상 미팅 플랫폼을 활용해 화면으로 만나도 괜찮습니다. 모임은 1시간 이내로 하고, 미리 공부한 내용을 바탕으로 만든 질문을 공유합니다. 친구들과 함께 이야기를 나누며 해답을 찾아본 다음, 그래도 풀리지 않는 부분이 있다면 다른 사람에게 도움을 청해보세요.

혼자보다는 팀원들과 함께 과제를 수행할 때 성과가 좋고 실수할 가능성이 크게 줄어듭니다. 예를 들어 단어 목록을 암기해야 할 때 혼자 공부하고 혼자 회상하는 것보다 여러 명이 함

께 회상하면 더 많은 단어를 기억할 수 있습니다.[5]

앞으로 일어날 일을 예측하는 게임에서도 혼자보다는 팀일 때 정확도가 높다는 연구도 있습니다. 이 게임은 미국 국가정보국 산하의 정보고등연구기획국이 후원하는 좋은 판단 프로젝트Good Judgment Project에서 유래했습니다. 전 세계에서 일어날 수 있는 일, 예를 들면, "러시아가 석 달 뒤 우크라이나 영토를 추가로 합병할 것인가?"[6], "북한이 올해가 가기 전에 핵무기를 사용할 것인가?", "쿠르드 자치 정부가 올해 독립 여부를 국민 투표에 부칠 것인가?" 등에 대한 가능성을 예측하는 것이었습니다. 한 달에서 1년 이하의 시간이 지나면 사실 여부를 확인할 수 있는 질문들이죠. 연구 참가자들로 하여금 그 가능성을 매일 예측하게 하고, 어느 팀의 예측 결과가 가장 정확한지를 비교했습니다. 그 결과 혼자 예측하게 할 때보다 여러 명이 팀을 이루었을 때 정확도가 높았습니다.[7]

토론은 새로운 아이디어를 떠올리는 중요한 통로이기도 합니다. 이를 보여주는 좋은 사례는 심리학자 케빈 던바Kevin Dunbar가 캐나다 맥길대에 있을 때 수행한 연구입니다. 그는 온타리오 호수 주변 여러 대학에서, 생물학 관련 연구실의 다양한 활동을 정기적으로 녹화하여 분석했습니다. 그 결과 서로 생각하지 못한 중요한 질문을 던지고, 함께 고민하고 답을 찾아나가는 과정에서 중요한 과학적 발견이 일어난다는 사실을 알아냈죠.[8] 뛰어난 학자들도 모르는 것이 있으면 혼자 머리를 싸매고 고민하지 않습니다. 동료들과 이야기를 나누고 토론하는 과정을 통해 끊임없이 지식을 재구성하고, 새로운 성과를 만들어냅니다.

## 성공적인 토론을 위해

물론 누군가와 함께 공부하는 것이 능사는 아닙니다. 친구와 공부하려고 만났다가 실컷 놀기만 하는 일은 너무나도 흔하죠. 함께 공부하면 혼자 공부할 때보다 노력을 기울이지 않게 되는 경우가 많습니다. 어린 학생들의 경우에는 오히려 경쟁심과 질투심 때문에 공부에 부정적인 영향을 받을 수도 있습니다. 게다가 집단에 소속된 사람들이 전부 비슷한 생각만 한다면, 집단 극화 현상이 발생할 수도 있죠. 집단 극화는 원래의 개별 의견보다 더 극단적인 방향으로 논의가 진행되는 상황을 일컫습니다. 집단 구성원이 많을수록 합의에 대한 책임이 분산되면서, 자신이 아닌 다른 사람의 주장을 따르기 때문에 집단 착각에 빠지기 쉽습니다. 따라서 이런 부작용을 염두에 두고 토론의 장점을 살리는 것이 중요하죠.

성공적인 토론을 위해서는 의견의 다양성을 보장해야 합니다. 모든 구성원이 적극적으로 논의에 참여하고 편안하게 질문할 수 있는 환경을 만들어야 합니다. 3강에서 보았듯 토론에서 각 구성원의 발언 정도가 비슷할수록 과제 수행의 성과가 높다는 연구 결과도 있었죠.[9] 주변 사람들과 질문을 공유하며 자유롭고 활발하게 토론해보세요. 토론은 싸움이 아닙니다. 논리적인 결론에 도달하기 위한 여정이죠. 토론을 통해 자신의 생각을 표현하고, 다른 사람의 생각을 수용하는 과정에서 지식, 이해, 판단력의 발전을 이루어낼 수 있습니다.

토론 과정에서 참여 못지않게 중요한 것은 솔직하고 자유로운 비판과 이견입니다. 버클리대 심리학과 교수인 샬런 네메스 Charlan Nemeth는 『반대의 놀라운 힘』에서 서로 다른 의견의 중요성을 다음과 같이 설명합니다.

> 합의한 우리는 다수의 시각으로 세상을 바라보기 시작한다. … 다수의 입장이라는 좁은 시각에서 사고한다. … 반대 의견을 접하면 우리는 더욱 열린 방식과 다양한 방향으로 사고하게 된다. 더욱 많은 정보와 대안을 고려하고, 문제해결 과정에서 복합적인 전략을 더 많이 활용한다. … 합의가 다른 목소리에 부딪히는 순간, 사람들은 독립적으로 생각하게 된다.[10]

그는 다수의 입장에서 문제를 바라보면 집단의 압력으로 인해 좁은 시야를 갖게 된다고 이야기합니다. 그러니 열린 시야를 가지기 위해서는 다수가 당연하게 생각하는 것을 뒤집어줄 소수의 다양한 의견이 필요하다는 겁니다.

네메스와 신시아 칠리스Cynthia Chiles가 수행한 실험은 심지어 비판이나 이견이 틀렸을 때에도 다른 사람들에게 긍정적인 영향을 준다는 사실을 보여줍니다.[11] 이 실험은 아래 그림과 같이 두 단계로 진행되었습니다. 4개의 색상 슬라이드를 판별하는 과정에서 이견이 있을 때와 없을 때 참가자들이 어떻게 반응하는지 살펴보았습니다.

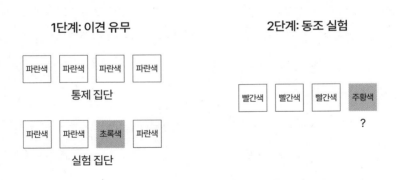

그림 3. 네메스와 칠리스의 실험 절차

1단계에서는 실험 참가자들을 통제 집단과 실험 집단으로 나누어 각 집단에게 파란색 슬라이드를 보여주었는데요. 통제 집단에서는 개인별로 실험을 진행했고, 참가자들은 모두 파란색이라고 반응했죠. 실험 집단에서는 4명을 한 팀으로 조직해 함께 슬라이드를 확인하게 했는데, 실험 집단 4명 중 1명은 실험 보조자로서 의도적으로 파란색 슬라이드를 초록색이라고 답했습니다.

그 후 2단계 실험에서는 집단을 따로 구분하지 않고 4명을 한 팀으로 만들어 1단계와 같은 방식으로 실험을 진행했습니다. 이때 4명 중 3명은 실험 보조자로 구성하여 빨간색 슬라이드를 보고 주황색이라고 반응하게 한 다음 나머지 1명이 어떻게 반응하는지 살폈습니다.

그 결과 실험 참가자가 1단계 실험에서 어느 집단에 있었느냐에 따라 2단계 실험에서의 반응이 달랐습니다. 1단계 실험에서 통제 집단에 속했던 참가자, 다시 말해 혼자서 색상 슬라이드를 확인한 사람의 70%가 2단계 실험에서 실험 보조자의 반응에 동조했습니다. 틀린 걸 알면서도 빨간색을 주황색이라고 답한 것이죠. 반면 실험 집단에 속했던 참가자들 중 2단계 실험에서 주황색이라고 답한 사람은 겨우 14%에 불과했습니다. 이미 1단계 실험에서 엉뚱하게 반응하는 사람을 보았기 때문에 오히려 자신의 판단을 소신껏 말할 수 있었던 겁니다.

여러분이 타인의 반응에 동요하지 않고 당당하게 목소리를 내면 그만큼 다른 누군가도 자신 있게 의견을 표현할 수 있게 됩니다. 자신감에는 전염성이 있습니다. 이 전염성으로 인해 서로 다른 목소리를 하나로 통합하는 과정에서 좋은 결정을 내릴 수 있습니다. 이 수업을 듣는 여러분들 또한 소신 있게 자신의 의견을 표현하며 다른 사람의 판단과 공부에 좋은 영향을 주기를 기대합니다.

이런 통찰을 회사 운영에 적용하여 성공한 사람이 레이 달리오Ray Dalio입니다. 그는 미국을 대표하는 헤지펀드 회사인 브리지워터의 CEO를 맡고 있죠. 달리오는 TED 강연에서 자신의 성공 비결을 이렇게 밝혔습니다.

나는 실패를 통해 '내가 맞다'라는 생각에서 벗어나 '내가 맞는지 어떻게 알 수 있는지'를 묻기 시작했다. 그래서 나와 다른 의견을 가진 가장 똑똑한 사람을 찾아내서 그들의 관점을 이해하려 하거나, 그들이 내 관점을 비판하도록 했다.[12]

달리오는 자신의 잘못된 확신으로 부채 위기에 제대로 대응하지 못해 엄청난 손실을 겪은 적이 있습니다. 그 이후로 자신이 틀릴 가능성에 대해 개방적인 태도를 지니게 되었죠. 오히려 자신이 틀릴 수도 있다는 사실을 최대한 활용했습니다. 언제나 가장 좋은 의견을 채택할 수 있도록 회사 내의 모든 의사결정 과정을 투명하게 공개했죠. 공개한 내용 중에는 달리오가 회의에서 보여준 모습에 대해 한 직원이 D-를 주겠다고 한 메일도 있었다고 합니다. 달리오의 발표 내용이 제대로 정리되어 있지 않은 것이 그 이유였죠. 직원과 회사의 대표가 이렇게 솔직하게 소통하는 모습이 놀랍지 않나요? 달리오는 자그마치 25년이라는 시간 동안 이러한 방식으로 회사를 운영해왔습니다. 덕분에 다양한 관점으로 세상을 바라볼 수 있게 되었고, 최악의 선택을 피할 수 있었다고 말했죠.

달리오처럼 생각하고 행동하기는 쉽지 않습니다. 나의 의견에 반하는 이야기를 들으면 누구나 당황스럽고 불편한 마음이 들죠. 이를 긍정적인 변화의 발판으로 삼으려면 엄청난 노력이 필요합니다. 나와 의견이 다른 사람과 대화하는 과정에서는 내적으로도 외적으로도 갈등이 일어나기 쉽습니다. 하지만 그런 갈등을 현명하게 극복한다면 새로운 차원의 지식에 도달할 수 있죠. 그런 가능성에 한번 도전해보면 어떨까요? 달리오는 주식 투자를 통해 엄청난 재산을 모은 전설적인 인물입니다. 달리오처럼 동료와 소통하며 배우는 것이 부를 축적하는 비결이라고 이야기한다면, 조금 더 적극적으로 도전해볼 마음이 생길까요?

# 말보다 행동으로

"직접 해보면서 배워야 한다. 안다고 생각하겠지만, 해볼 때까지 확신할 수 없기 때문이다." 2,500여 년 전 그리스 시인 소포클레스Sophocles가 한 말입니다. 많은 질문을 던져서 지식을 쌓기만 하는 것으로는 충분하지 않습니다. 머리로 아는 것이라도 실제로 해봐야 진짜 나의 것이 되기 때문입니다. 질문과 토론의 과정이 그저 탁상공론에만 그치지 않으려면 논의한 내용을 직접 실행에 옮기는 단계가 필요합니다.

제 미국 유학 시절 이야기를 하나 들려드리겠습니다. 첫 2년 동안은 정말 힘들었습니다. 제가 잘 모르는 주제를 잡고서 매일 연구실에 늦게까지 남아 공부했는데, 들인 시간에 비해 성과가 나오지 않아 답답했습니다. 이것저것 찾고 공부하다 이미 비슷한 주제를 다룬 연구가 있다는 걸 알게 되면 다른 아이디어를 찾아보는 일이 반복되었습니다. 그러다보니 별다른 진전 없이 시간만 흘렀죠.

막막한 마음에 미국 친구들은 어떻게 연구하는지 살펴봤습니다. 미국 친구들은 저와 달리 일단 어떤 아이디어가 떠오르면 곧바로 실행에 옮겼습니다. 조금은 멍청해 보이는 생각들까지 말입니다. 그 과정에서 많은 경우 실패하지만 그 실패를 통해 자신의 생각을 다듬어가는 식으로 연구를 수행했습니다. 제가 보기에는 충분히 알지 못하는 상태인데도 일단 무언가를 시도한 친구들은 그 과정에서 새로운 문제를 찾아내곤 했습니다. 그 문제를 해결하는 방향으로 성과를 만들어냈고, 몇몇은 지금 세계적인 명문 대학의 교수가 되었죠.

이 경험 덕에 저는 현실적인 문제에 직접 부딪쳐가며 씨름할 때 비로소 질문이 많아지고 깊은 지식을 쌓을 수 있다는 것을 깨달았습니다. 그리고 이러한 깨달음은 강의를 하고 책을 쓰면서 더욱 확실해졌습니다. 머리로는 알고 있다고 생각한 내용도 누군가에게 설명하다보면 조리 있게 말하기 쉽지 않습니다. 실은 잘 모르고 있었다는 것을 그제야 깨닫죠. 이처럼 머릿속에 있는 지식을 누군가에게 구체적으로 설명하려 할 때 메타인지 능력이 활성화됩니다. 나아가 습득한 지식의 핵심과 쟁점 그리고 앞으로 알아가야 할 내용이 분명해지죠. 지식의 활용은 바로 이렇게 시작합니다.

보통 대학생들은 전공이나 관심 분야에 대한 책과 논문을 읽으며 지식을 쌓습니다. 하지만 그보다는 직접 관심 분야의 연구실을 찾아가 연구 보조원을 해보는 것이 더 좋습니다. 뜻이 맞는 친구들과 공모전에 참여해볼 수도 있죠. 아직 준비가 되지 않은 것 같은 기분에 시작을 망설이고 있지는 않은가요? 어떤 일을 하는 데 완벽하게 '준비된 자'는 없습니다. '도전하는 자'와 '도전하지 않는 자'만 있을 뿐이죠. 일단 도전하고 부딪쳐보세요. 생각보다 어렵지 않을 겁니다. 서툰 자신의 모습에 실망할 때도 있을 겁니다. 여러 실수를 저지르고 아무리 노력해도 길이 안 보이는 벽에 부딪힌 기분을 느끼기도 할 겁니다. 하지만 이런 문제를 극복하고 내 주장을 정립하면 탐구가 얼마나 신나는 일인지 경험할 수 있습니다. 직접 해보기 전에는 알 수 없는 것들이 너무나도 많습니다.

질문은 습득한 지식을 반복적으로 사용하게 만들어 지식 활용의 발판을 제공합니다. 진정한 공부는 질문에서 시작해 직접 호기심을 해결하고 때로는 실패로부터 배우며 깊은 지식을 쌓는 것입니다. 사소하더라도 질문을 던질 때 지적인 변화가 일어납니다. 지금부터 질문을 던지는 연습을 꾸준히 한다면 급변하는 사회에 맞춰 양질의 정보를 더욱 효과적으로 얻을 수 있을 겁니다. 스스로에게, 다른 사람에게, 그리고 세상에 여러분만의 질문을 던져보세요. 무엇을 묻고 싶은가요?

# 탐구의 완성:
# 문제해결 글쓰기

문자가 없는 구석기·신석기 시대를 선사 시대로, 문자 등장 이후를 역사 시대로 구분합니다. 그만큼 문자 발명은 인류사에서 사회·문화 발전의 중요한 분기점이었습니다. 문자를 통해 기록이 가능해지면서 인간은 지식을 축적하고 계승하기 시작했죠. 오늘날 우리가 누리는 풍요의 토대가 글이라고 해도 지나치지 않습니다. 글이 없었다면 우리가 아리스토텔레스, 공자, 아인슈타인 등 세계적인 학자들이 이루어낸 지적 성과를 들어보지도 못했을 겁니다.

앞선 4강에서 읽기를, 5강에서 질문과 토론을 이야기했는데, 이 과정에서 습득하고 생성한 지식은 기록으로 남기지 않으면 쉽게 사라집니다. 글을 통해 머릿속에 떠다니는 지식을 엮어 하나의 체계적인 결과물을 만들어냈을 때 비로소 공부를 마무리할 수 있죠. 문제해결을 위한 공부는 글 읽기로 시작해 글쓰기로 끝납니다. 이번 강의에서는 문제해결을 위한 공부의 마지막 단계, 글쓰기에 대해 알아봅니다.

# 글쓰기와 생각의 관계

소설『동물농장』,『1984』를 쓴 영국의 작가 조지 오웰George Orwell 은 수필집『나는 왜 쓰는가』에서 자신이 글을 쓰는 네 가지 이 유를 이야기했습니다. 그는 잘난 척하거나, 미적 가치를 추구하 거나, 역사적 기록을 남기거나, 다른 사람을 설득하기 위해 글 을 쓴다고 합니다. 여러분은 어떤가요? 이 중 여러분이 글을 쓰 는 이유와 통하는 것이 있나요?

심리학자인 제가 생각하기에 글쓰기는 크게 두 가지 이점이 있습니다. 먼저 정서적 차원에서 글쓰기는 감정을 표현하는 출 구와 같습니다. 불편한 감정을 과도하게 억누르면 심리적·신체 적 문제가 생깁니다. '임금님 귀는 당나귀 귀' 이야기에서 왕의 비밀을 마음속에만 담아두던 이발사가 병이 났던 것처럼 말이 죠. 무의식 개념을 처음으로 제안한 정신분석학에서는 개인이 심리적 스트레스 상황에서 무의식적으로 방어 기제를 사용한 다고 봅니다. 여러 방어 기제 중 심리적으로 해소되지 않는 문제 가 신체적인 증상으로 발현되는 것을 신체화라고 합니다. 이를 치료하기 위해서는 부정적인 감정을 적절하게 해소하는 방법이 필요하죠. 이때 글쓰기가 큰 도움이 됩니다. 글쓰기와 정서적 건강의 관계에 대한 연구는 텍사스대 심리학과의 제임스 페니

베이커James Pennebaker를 시작으로 많이 이루어져왔습니다. 대학생들에게 하루를 정리하면서 감정을 기록하게 했더니 정서 건강이 좋아졌다고 합니다.[1] 아주 의미 있는 연구 결과이지만, 막상 이를 실천하는 경우는 많지 않습니다.

한편 정서뿐만 아니라 인지적인 차원에서도 글쓰기는 기억을 확장하고 생각을 정리하는 데 도움이 됩니다. 하지만 말처럼 간단하지는 않습니다. 한번 같이 해볼까요? 이전 강의에서 배운 것들을 생각나는 대로 쭉 써본 다음 얼마나 많은 내용을 썼는지 확인해보세요. 혹은 5강의 내용을 다시 읽고 10분 혹은 20분 정도 휴식을 취한 다음 기억나는 것을 모두 써보세요. 가능하다면 간략히 요약도 해보세요. 어떤가요? 아마 예상했던 것보다 실제로 쓴 글의 분량은 훨씬 적을 겁니다. 머리로는 잘 이해된 것처럼 느껴지던 개념이나 내용이 막상 글을 쓸 때는 잘 떠오르지 않는 경우가 많기 때문이죠. 많은 내용을 배워도 정확하게 기억하거나 요약하는 일은 쉽지 않습니다. 머릿속에 있는 지식 중에서 중요한 것을 선별하고 자신의 언어로 재구성해야 하기 때문입니다.

하지만 어려운 만큼 글쓰기는 생각을 명료하게 만드는 데 큰 도움을 줍니다.[2] 발달심리학의 대가인 장 피아제Jean Piaget는 "쓰지 않으면서 생각할 수 없다"라고 이야기했을 정도죠. 20세기에 비고츠키가 『생각과 말』이라는 책을 발표한 후로 말이 생각, 행동과 밀접히 연결되어 있다는 사실은 잘 알려져 있습니다.[3] 7~8살 아이들도 인지적 혹은 정서적 어려움에 봉착하면 혼자 중얼거리면서 해결책을 모색합니다.[4] 중학생을 대상으로 한 연구에서도 말로 설명하며 어려운 수학 문제를 풀 때 성과가 더 뛰어났죠.[5] 대학생에게 여러 사진을 보여주고 특정 대상을 찾게 했을 때도 대상의 이름을 말하면 더 빠르게 찾아냈습니다.[6]

어떤 대상을 말로 잘 표현할 수 있다는 것은 그것을 명확하게 이해하고 있다는 뜻입니다.[7] 당연히 글을 쓰기도 쉽겠죠. 글을 쓰다 막힐 때는 내용을 입으로 읊어보세요. 적절한 표현을 찾기 쉬워집니다. 잘 쓴 글은 말로도 잘 읽힙니다. 생각과 글과 말은 하나가 늘면 나머지도 함께 느는 상호적인 관계입니다. 셋 사이에 괴리가 생기면 제대로 된 메시지를 만들어내기 어렵고 논리적으로 전달할 수도 없습니다. 지식을 여러분의 것으로 확실하게 만들기 위해서는 공부한 내용을 언어로 정리하고 표현할 수 있어야 합니다.

생각을 명료하게 한다는 것은 타인의 영향에 휩쓸리지 않고 자신의 판단을 고수할 수 있다는 뜻이기도 합니다. 70년 전, 뉴욕대의 사회심리학자인 모턴 도이치Morton Deutsch와 해럴드 제라드Harold Gerard는 솔로몬 애쉬Solomon Asch의 동조 연구를 발전시켜 연구를 수행했습니다. 애쉬의 실험은 4cm 선분을 보여주고 3, 4, 5cm의 세 선분을 제시한 다음 같은 길이의 선분을 고르도록 하는 단순한 실험입니다. 이 과제를 혼자 수행할 때는 누구나 문제없이 4cm의 선분을 고릅니다. 그런데 여러 명이 동시에 실험에 참가하면, 실험 참가자는 주변 사람의 반응에 영향을 받습니다. 예를 들어 다른 사람들이 모두 3cm 선분을 고른다면 이에 동조할 가능성이 높아지죠. 같은 방식으로 여러 과제를 수행했을 때, 잘못된 반응에 한 번 이상 동조한 실험 참가자가 75%나 됩니다.

도이치와 제라드는 이 실험을 변형하여, 참가자들이 다른 사람의 선택을 알기 전에 자신의 판단을 세 가지 다른 조건에서 기록하게 했습니다. 종이에 쓰고 그 내용이 다른 사람에게 공개되지 않는 조건, 쓴 내용에 자기 이름을 서명하여 제출하는 조건, 그리고 종이가 아니라 매직 패드에 작성하여 쓴 내용을 바꿀 수 있는 조건이었죠. 그 결과 자신의 의견을 종이에 쓴 참가자들은 타인의 의견에 덜 동조하고 자신의 판단을 고수했습니다. 하지만 매직 패드에 기록한 조건에서는 타인의 의견에 더 많이 동조했죠.[8] 그러므로 자신만의 고유한 생각을 발전시키는 공부를 하기 위해서는 쉽게 지우기 어려운 곳에 자신의 생각을 기록하는 것이 중요합니다.

# 생각을 넘어 학습까지

글을 쓰는 행위는 학습에도 효과적입니다. 발달심리학계에서는 유아의 낱자 지식 수준을 근거로 미래의 읽기나 글쓰기 능력을 예측할 수 있다고 합니다. 관련 연구에서 낱자를 손으로 직접 쓰는 훈련이 학습에 도움을 준다는 사실이 밝혀졌죠.[9] 성인을 대상으로 한 외국어 학습 연구에서도 동일한 결과가 나왔습니다. 낱자를 학습할 때 손으로 쓰기와 타이핑하기, 눈으로만 보는 것이 어떤 차이를 보이는지 알아보았죠. 그 결과 타이핑하면서 배운 집단이 눈으로만 보면서 배운 집단보다 더 나은 수행을 보였고, 손으로 쓴 집단이 타이핑 집단에 비해 낱자 재인letter recognition과 읽기는 물론 단어 쓰기와 읽기까지 더 잘했습니다.[10] 두피의 전기적 변화를 실시간으로 측정하는 뇌파electroencephalogram, EEG 연구에서도 동일한 결과가 나왔습니다. 타이핑할 때보다 손으로 쓰면서 외국어 단어를 공부할 때 더 넓은 영역의 뇌 부위가 활성화된 것이죠. 이런 이점은 전자펜을 사용할 때도 나타났습니다.[11]

그렇지만 낱자와 달리 단어를 암기할 때는 쓰기의 효과가 분명하지 않습니다. 충분한 시간 동안 단어를 쓰면서 학습한 다음 바로 시험을 보면 그냥 눈으로만 암기했을 때보다 점수가 높았지만, 1~2주 후에는 그 차이가 사라졌거든요.[12] 낱자가 아닌 단어를 외울 때는 3~5번 정도 써본 다음 간헐적으로 시험을 보는 방식이 더 효과적입니다.

또 다른 연구에서는 대학생을 대상으로 생물학 실험을 한다음, 한 집단은 3~4명씩 팀을 이루어 보고서를 쓰게 했고 다른 집단은 쪽지 시험을 보게 했습니다. 학기 말에 비판적 사고력 검사를 실시했더니 보고서, 즉 글을 쓴 학생들이 쪽지 시험을 친 학생들보다 통계적으로 유의미하게 높은 점수를 받았습니다.[13] 글쓰기가 비판적인 사고력에 좋은 영향을 미친 것이 단순한 우연이 아니라는 뜻입니다. 글쓰기는 단순히 기억이나 생각을 명료화하는 것을 넘어 비판적 사고력까지 높이는 고차원적 인지 활동입니다.

대학생들에게 교과서와 논문을 각각 제시한 다음 네 가지 다른 방식의 글—이야기글, 요약하는 글, 설명하는 글, 논증하는 글—을 쓰게 했습니다. 그 결과 요약하는 글을 쓸 때 기억력이, 논증하는 글을 쓸 때 추론 능력이 향상된다는 사실이 드러났습니다. 그리고 교과서보다 논문으로 공부했을 때 점수가 더 높았죠.[14] 따라서 교재나 강의 자료로만 공부하기보다는 참고할 만한 논문을 찾아보고, 그 내용을 글로 쓰며 공부하는 것이 좋습니다.

# 글쓰기를 둘러싼 오해

강의를 하다보면 글쓰기를 부담스러워하는 학생들을 자주 만납니다. 처음부터 완벽하게 써야 한다는 부담감에 과제를 시작하지 못하는 학생부터, 좋은 글을 써내야 한다는 생각에 쫓겨 과제 제출 기한을 넘겨버리는 학생도 있었죠. 사람들이 글쓰기를 어려워하는 데는 심리적인 요인이 많은 영향을 미칩니다. 여러분들은 글쓰기를 어떻게 생각하나요? 아래 네 항목 가운데 여러분의 생각과 같은 항목을 모두 표시해보세요.

1. 글쓰기에는 타고난 재능이 필요하다.
2. 좋은 생각이 떠올라야 글을 쓸 수 있다.
3. 좋은 생각이 떠오르면 한 번에 몰아서 쓸 수 있다.
4. 배경지식이 풍부해야 좋은 글을 쓸 수 있다.

사지선다형처럼 적어놓았으니 이 중 하나가 답일 거라고 생각하는 사람이 있을지 모르겠지만, 네 가지 모두 글쓰기에 대한 잘못된 신념입니다. 이러한 인식은 글을 쓸 용기를 앗아가고 글쓰기 실력이 늘지 못하게 만듭니다. 심리학에서는 이를 '확증편향'으로 설명하는데요. 자신의 신념과 일치하는 정보는 쉽게 받아들이고, 일치하지 않는 정보는 거부하는 경향을 뜻합니다. 보고 싶은 것만 보고, 듣고 싶은 것만 듣는 상태인 거죠. 편향은 악순환 속에서 더 강해집니다. 스스로 글쓰기를 못한다고 생각해서 노력을 기울이지 않으면 당연히 결과도 좋지 않고, 결과가 좋지 않으니 글쓰기를 못한다는 확신이 더욱 커지는 겁니다. 글을 쓸 때 자꾸만 움츠러드는 사람은 이런 편향에서 벗어나야 합니다. 첫 번째 선입견부터 하나씩 살펴볼까요?

어느 분야나 타고난 재능을 가진 사람이 분명 존재합니다. 하지만 스스로 생각하기에 재능이 없다는 것이 중요한 일을 포기할 이유가 될 수는 없습니다. 그런 재능이 없어도 글을 쓸 수 있고 써야 합니다. 재능이 없는 만큼 노력으로 채워나가면 됩니다. 글은 노벨상을 받는 작가나 베스트셀러 소설가만 쓰는 게 아니니까요.

좋은 생각이 떠오를 때까지 글쓰기를 미루는 사람도 있죠. 이런 사람은 거꾸로 글을 쓰지 않기 때문에 생각이 떠오르지 않을 가능성을 고려해봐야 합니다. 앞에서 잠깐 언급한 피아제의 말을 떠올려볼까요? 쓰지 않으면 생각할 수 없습니다. 쓰기는 생각의 결과가 아니라 생각의 과정입니다. 어떤 작가는 펜을 잡아야 생각이 나기 시작한다고, 머리가 아니라 펜으로 생각한다는 말을 하기도 했습니다. 쓰고 싶은 거라면 아무거나 써보세요. 그러면 무엇이든 생각나기 시작할 겁니다.

좋은 생각이 떠오른다고 해도 쓰다보면 예상하지 못한 방향으로 글이 나아갈 때가 많습니다. 쓰기 전에는 좋은 생각이라고 여겼던 것이 써놓고 보니 별 볼 일 없는 내용일 수도 있죠. 하지만 정말 좋은 생각도 명료하게 표현해내기 위해서는 수없는 고뇌와 수정을 거쳐야 합니다. 여러분들이 본 좋은 문장들도 모두 그런 과정을 거친 것들입니다.

네 번째 생각에 대해 얘기해보죠. 글을 쓸 때 주제에 대한 배경지식이 필요한 것은 사실이지만 좋은 생각이 떠오를 때까지 기다리며 하염없이 자료를 찾다보면 오히려 생각할 시간이 부족해집니다. 글을 쓸 시간을 먼저 정해놓고 그 시간을 고려해 자료 조사 시간을 정하는 것이 좋습니다.


## '좋은' 글을 '잘' 쓰려면

편향에서 벗어나더라도 글쓰기 실력이 단번에 늘지는 않습니다. 미국 쓰기 교육의 권위자 윌리엄 진서William Zinsser는 다음과 같은 말을 남겼습니다. "글은 써야 는다. … 글쓰기를 배우는 유일한 방법은 강제로 일정한 양을 정기적으로 쓰는 것이다."[15] 글을 잘 쓰기 위해서는 많이 써야 하고, 많이 쓰기 위해서는 꾸준히 쓰는 것이 좋습니다.

여러 번 고치는 작업도 중요합니다. 진서는 "글쓰기가 단번에 완성되는 '생산품'이 아니라 점점 발전해가는 '과정'이라는 것을 이해하기 전까지는 글을 잘 쓸 수 없다"[16]라고 단언했습니다. 좋은 글을 쓰는 비결이 퇴고에 있다는 겁니다.

같은 음식이라도 어떤 접시에다[17] 어떻게 담는지[18]에 따라 맛이 다르게 느껴지듯 글도 핵심 주장의 위치, 문장의 간결성, 문장 간 연결성, 사용하는 어휘 등에 따라 독자의 이해도가 달라집니다. 쉽게 이해되지 않는 글은 널리 읽히지 않습니다. 특히 학술적인 글은 많은 사람들로부터 성과를 인정받는 것이 중요한 만큼 전달력이 좋아야 합니다. 초고는 최대한 빨리 완성하고, 퇴고에 많은 시간과 노력을 들이세요. 먼저 내용을 살핀 후 부수적으로 표현을 다듬으세요. 스스로 한계를 느낄 때까지 수정할수록 좋은 글이 됩니다.

글이 잘 읽히는지 알아보고 싶다면 소리 내어 내용을 읽어 보세요. 발음이 어려워 혀가 꼬이는 단어나 문장이 있다면 발음하기 쉬운 단어로 바꾸는 걸 추천합니다. 중요한 메시지를 전달할 때는 "콩 심은 데 콩 나고, 팥 심은 데 팥 난다" 같은 문장처럼 운율을 맞추거나 대구법을 사용해도 좋습니다. 독자들이 즐겁게 읽고 오래 기억할 수 있거든요.

좋은 필자가 되려면 먼저 좋은 독자가 되어야 합니다. 평소에 다양한 글을 접하면서 좋은 단어나 문장, 재치 있는 표현을 발견하면 정리해두세요. 먼 훗날 여러분의 글쓰기 자원이 될 겁니다. 그대로 베끼는 것은 표절이 되지만, 정리해둔 것들을 바탕으로 새로운 것을 창조한다면 이는 모방이 됩니다. 진서 또한 글을 쓸 때 모방을 주저하지 말라고 조언한 바 있죠. 모방은 단순히 좋은 단어나 표현을 흉내 내는 것을 목적으로 두지 않습니다. 그 과정에서 '좋은 글', '잘 쓴 글'의 구조와 형식을 스스로 몸에 익히는 것이 핵심이죠. 지식을 활용하기 위해서는 습득해야 하듯이, 좋은 글을 쓰기 위해서는 우선 글을 많이 읽으며 좋은 글의 조건을 파악해야 합니다.

그렇다면 좋은 글의 조건은 무엇일까요? 좋은 글은 응집성과 통일성을 잘 갖춘 글입니다. 응집성은 문장과 문장의 내용이 잘 연결되어 있는 정도입니다. 통일성은 각 문장들이 전체적으로 하나의 주제를 잘 나타내며 연결되어 있는 정도를 의미하죠. 부분적으로 내용의 응집성을 잘 갖추고 있더라도 전체적인 맥락에서 보았을 때는 주제에 적합하지 않을 수도 있습니다. 반대로 하나의 주제를 이야기하더라도 세부적으로는 문장들이 잘 연결되어 있지 않을 수도 있죠. 두 가지 요소를 모두 고려하며 글을 다듬기 위해서는 다음 질문을 활용해보세요. 여러분이 이전에 쓴 글을 다시 읽으며 확인해보는 것도 좋습니다.

표 4. 글 다듬기 체크리스트

| 내용 |
| --- |
| 전달하거나 주장하려는 내용이 명확한가? |
| 주장에 대한 근거를 제시했는가? |
| 근거와 주장 간에 논리적 비약은 없는가? |
| 기존의 다른 주장과 차별화되는가? |
| 배경 정보를 적절히 제공했는가? |
| 다른 사람의 주장이 논의에 기여한 바를 인정했는가? |
| (학술적 글의 경우) 결론에서 연구의 의의를 설명하고, 한계점과 후속 연구도 언급했는가? |
| 표현 |
| 너무 긴 문장은 없는가? |
| 모든 문장의 주어와 술어가 서로 호응하는가? |
| 간결한 문장을 만들기 위해 삭제할 수 있는 수식어나 표현이 있는가? |
| 대명사나 지시어를 모호하게 사용하지는 않았는가? |
| 그림이나 도표를 적절히 활용했는가? |

특히 많은 학생들이 표현 영역의 질문에서 주춤합니다. 두 줄 이상의 긴 문장 혹은 한 호흡에 읽기 어려운 문장이 있다면 중간에서 한 번 끊어주는 게 좋습니다. 긴 문장일수록 주어와 술어가 호응하지 않을 가능성이 크기 때문이죠. '이에', '이와 같은' 등의 표현은 내용을 모호하게 만들 수 있으니 가능하면 대상을 정확하게 지칭해주는 것이 좋습니다. 표현의 정확성을 확인하기 위해서 자신의 글을 다른 사람에게 읽혀보는 것도 추천합니다. 독자가 원래 의도와 다르게 내용을 이해한다면 표현을 바꾸어 쓰는 것이 좋습니다.

## 필기의 노하우

'남는 게 사진'이라는 말이 있죠. 여행을 가서 멋진 풍경을 마주했을 때, 연예인을 만났을 때 사람들은 제일 먼저 휴대폰을 꺼내듭니다. 그 순간을 기억하기 위해서 사진과 동영상을 남기죠. 마찬가지로 공부할 때는 '남는 게 메모'입니다. 책을 읽거나 누군가와 토론하고 나면 자신의 기억을 믿지 말고 짧게라도 메모를 해보세요. 미래의 내가 배운 내용을 잘 떠올릴 수 있도록 말이죠.

부끄러운 이야기지만 저의 대학 1학년 1학기 학점은 2.0이었습니다. 학사 경고 기준에 겨우 걸쳤기 때문에 학사 경고를 받은 친구들에게 시샘을 받기도 했죠. 1학기 내내 노트도 없이 수업에 들어갔으니 성적이 잘 나오지 않는 게 당연했습니다. 그래서 2학기에는 노트를 한 권 장만해 강의에서 배운 것들을 적어보았죠. 학점은 2.1이었습니다.

왜 별 발전이 없었을까요? 그것은 노트에 필기하는 방법을 몰랐기 때문입니다. 저는 수업 시간 내내 겨우 몇 단어 정도만 적곤 했습니다. 그러다보니 제가 쓴 글인데도 나중에 보면 무슨 말인지 모를 때가 많았습니다. 물론 말의 속도보다 필기 속도가 훨씬 느리기 때문에 강의를 들을 때 교수자의 말을 모두 기록하기는 불가능합니다. 효율적으로 필기하려면 핵심 내용을 포착하는 것이 가장 중요한데 이것 또한 쉽지는 않죠. 특히 새로운 내용을 처음 배울 때는 중요도를 구분하기 더욱 어렵습니다. 이럴 때는 낙서장을 쓰듯이 적는 것이 좋습니다. 글씨나 필기 구조에 신경 쓰지 않고 중요한 것 같은 내용을 최대한 많이 써두는 겁니다. 쓰기를 강의에 집중하기 위한 하나의 도구로 사용하는 것이죠. 이때 써둔 것을 나중에 다시 정리하며 필기하면 자연스럽게 복습이 이루어집니다. 이렇게 공부하면 그냥 노트에 적기만 할 때보다 효과가 좋습니다.

대학 강의는 오랜 시간 동안 많은 내용을 다루기 때문에 배운 것을 수기로 필기하기 어렵습니다. 그래서 학생들은 노트북을 이용해 수업 내용을 빠르게 기록합니다. 사실 타이핑을 하며 공부하는 것은 손으로 필기하는 것보다 공부 효과가 낮지만, 이를 다시 손으로 정리해 노트를 만들면 공부 효과가 높아집니다. 이렇게 공부하고 있다면 상황에 가장 최적화된 방법으로 공부를 잘하고 있는 겁니다.

단, 낙서장에 적은 내용을 노트에 옮길 때는 단순히 글씨만 깔끔하게 바꾸는 것이 아니라 길고 복잡한 내용을 조직화하면서 정리해야 합니다. 일반적으로 서론-본론-결론 혹은 기승전결 같은 형식으로 정리할 수 있습니다. 하나의 거대한 주제를 바탕으로 여러 하위 주제를 다룰 때는 마인드맵, 숫자가 많이 나올 때는 도표, 수치의 변화를 강조할 때는 그래프, 시각적 요소가 중요할 때는 스케치 등도 적극적으로 활용하세요. 이런 과정을 통해 만든 메모는 복습 과정에서 효과적으로 기억을 인출하는 데 도움을 줍니다.

만약 필기 습관이 잘 잡혀 있지 않아 길게 정리하는 것이 부담스럽다면, 공부 주제와 함께 3~6개 정도의 키워드를 두고 핵심 내용을 한두 문장으로 정리하는 것부터 시작해 점차 분량을 늘려가도 좋습니다.

# 정보 전달을 위한 쓰기

노트 필기가 단순히 나를 위한 기록이라면, 대부분의 글은 누군가에게 읽힐 목적으로 쓰입니다. 정보를 전달하거나 주장을 펼치는 글이 대표적이죠. 이러한 글을 쓸 때는 독자를 고려하여 내용과 형식을 구성해야 합니다.

먼저 정보를 전달하는 글부터 살펴볼까요? 사건·사고에 대한 신문 기사, 졸업생 취업 현황이나 월별 판매 실적 같은 실태 조사 보고서, 업무 보고서, 기계나 장치의 사용법, 요리법, 연구 논문에 포함되는 절차 서술, 여행담 등을 모두 포함합니다.

정보 전달을 위한 글을 쓸 때 고려해야 할 점은 RAFT 모형으로 설명할 수 있습니다. 역할role, 독자audience, 형식format, 주제topic를 뜻하죠.[19] '역할'은 필자의 역할로, 어떤 입장에서 글을 쓰는지를 의미합니다. 자신의 주관적인 경험을 직접 묘사할 수도 있고 객관적인 사실을 서술할 수도 있습니다. '독자'는 정보를 전달받는 사람이죠. 신문이나 잡지는 구독자, 보고서는 보고를 받는 동료나 상사, 학술 저널의 경우 그 분야의 전문가 등 매체나 정보의 특성에 따라 독자 집단은 달라집니다. '형식'은 기사, 편지, 시 등의 장르부터 높임말이나 시제 등 문체와 관련된 부분까지 포함합니다. 특히 학술 분야에서는 글의 전개 방식, 표나 그림, 참고문헌 양식, 심지어 서체와 크기까지 엄격하게 규정합니다. 이 형식을 위배하면 심사도 받지 못하고 접수 확인 단계에서 게재 불가 판정을 받으니 주의해야 합니다. 마지막으로 '주제'는 글의 주제를 가리킵니다. RAFT 모형에서 주제가 맨 마지막에 위치한다는 점이 중요합니다. 하고 싶은 말을 써놓은 다음에 역할이나 독자에게 맞추는 것이 아니라, 역할이나 독자를 염두에 둔 다음에 내용을 써나가야 한다는 겁니다. 그만큼 역할과 독자가 중요하다는 뜻이죠. 예를 들어 기사를 작성할 때는 다수의 독자를 대상으로, 객관적인 입장에서 육하원칙에 따라 공식적인 어조로 씁니다. 업무 보고서도 이와 비슷하겠지만 조직 구성원을 염두에 두고 업무 경과가 조직에 미치는 영향을 강조해서 써야겠죠. 여행담의 경우에는 독자가 친구나 가족이라면 일상적인 문체로도 쓸 수 있습니다.

정보를 전달하는 글을 쓸 때는 지나치게 많은 정보를 다루지 않도록 주의해야 합니다. 쓰다보면 이것도 넣어야 할 것 같고, 저것도 넣어야 할 것 같은 마음에 계속 분량이 늘어나기 십상입니다. 그렇지만 핵심을 전달하기 위해서 지엽적인 내용은 과감히 빼야 합니다. 많은 배경지식이 필요한 기술 보고서를 쓸 때는 정보의 핵심을 글의 앞부분에 제시하고 상세한 내용은 뒷부분에서 서술하는 구조도 고려해볼 만합니다.

객관적인 사실과 개인적인 의견도 잘 분리해야 합니다. 만약 추론을 개입시킬 때는 정확히 밝히고 써야 합니다. 자신의 생각을 사실처럼 왜곡하지 않도록 주의하세요. 같은 사실도 받아들이는 사람의 관점에 따라 다르게 해석할 수 있고, 무의식적으로 확증 편향이 발생하면서 정보를 곡해할 수도 있습니다. 대상이나 현상을 서술하는 글을 쓸 때는 자신도 모르게 주관적인 해석을 넣지는 않았는지 확인하세요. 이때 다른 사람의 피드백을 통해 외부적인 시각을 수용한다면 수정해야 할 부분을 정확하게 파악할 수 있을 겁니다.

## 학문적 논증을 위한 쓰기

학술 분야에서는 내용 요약이나 정보 전달을 위한 글보다 논증적으로 주장하는 글이 더 중요합니다. 예를 들어 "지구는 둥글다", "$\sqrt{2}$ 는 분수로 나타낼 수 없다", "혼자 공부한 다음 모여서 토론하는 방법이 혼자서 공부하는 것보다 효과가 더 좋다" 등의 주장을 논리적으로 밝히는 글이죠. 논증적 글쓰기는 질문과 토론을 유도하여 학문 발전의 밑거름이 됩니다.

논증의 중요성은 다음 글에서도 확인할 수 있습니다.

학문 연구는 논증을, 논증은 수사학을 사용한다. 이때 수사학이란 단지 장식이나 조작 또는 술수를 의미하지 않는다. 여기서 수사학이란 설득력 있는 담론이라는 고전적 의미에서의 수사학이다. 수학적 증명에서부터 문학적 비평에 이르기까지 학자들은 수사적으로 글을 쓴다.[20]

과학의 기반은 관찰과 실험이 아니다. 그것들은 어떤 주장을 지지하기 위해 논증을 만들어내는 합리적 활동을 위한 시녀에 가깝다. 과학은 서로 경쟁적인 주장 가운데 인정할 것과 기각할 것을 판단하는 논증력에 기반한다.[21]

과학을 포함한 많은 학문 분야에서는 축적된 지식보다 문제를 생각하는 방식이 중요합니다. 이전 주장을 되풀이하는 것은 크게 인정받지 못합니다. 그보다는 모종의 새로운 주장을 그 근거와 함께 제시해야 하죠. 그래서 미국 일리노이대의 영문학과 교수인 제럴드 그래프Gerald Graff와 캐시 버켄스타인Cathy Birkenstein은 논증적 글을 "다른 사람은 ~(이)라고 주장하지만, 나는 ~(이)라고 주장한다"라고 간략히 도식화했습니다.[22]

실제 학술적 글은 버켄스타인의 도식을 확장하여 그래프와 표, 글로 정교화한 것이라 할 수 있습니다. 글의 서론에서는 특정 분야의 주제를 소개하며 중요성을 언급합니다. 그리고 주제에 대한 선행 연구를 정리하죠. 다른 사람들의 주장을 정리하며 한계를 지적하는 겁니다. 본론에서는 그에 대한 해결책을 제안하며 근거를 제시하죠. 결론에서는 자신이 주장하는 해결책의 이론적·실용적 중요성을 강조한 다음, 겸손하게 자신의 주장에 어떤 한계가 있고 아직 해결하지 못한 것은 무엇인지 다룹니다.

표 5. 학술적 글의 형식

| 서론 | 주제와 관련된 문제 혹은 쟁점 제시 |
|------|----------------------------------|
|      | 문제 혹은 쟁점은 ~(이)다. |
| 본론 | 문제나 쟁점에 대한 자신의 해결책 제안 |
|      | 해결책으로 ~을(를) 제안한다. |
|      | 제안한 해결책의 근거 |
|      | 이 제안은 ~ 때문에 적절한 해결책이다. |
| 결론 | 주장의 의미나 중요성 |
|      | 나의 해결책은 다른 이론이나 방안에 비해<br>~면에서 좋은 점이 있다.<br>다만, 나의 해결책은 ~한 한계점이 있고<br>추가로 논의되어야 하는 부분은 ~(이)다. |

본론에서 제시하는 해결책은 기존의 주장과 구별되는 독창성이 있어야 하며, 근거로 실증적 자료를 제시할 때는 타당성을 잘 검토해야 합니다. 타당성은 주장과 근거가 논리적으로 잘 연결되어 있는 정도를 의미합니다. 즉, 타당성을 갖추었다는 것은 근거가 주장을 강력하게 뒷받침해주고 있다는 뜻이죠.

실제 학술적인 글을 같이 한번 살펴볼까요?

통상적인 교육에서 널리 쓰이는 수업 방법은 강의를 통해 배운 내용을 복습을 통해 익히는 방식으로 진행된다(Lecture then Review: LR). 이 방법은 많은 지식을 배울 수 있게 하는 장점이 있지만, 스스로 공부하는 능력을 향상시키는 데는 한계가 있다. 지식과 기술 습득은 중요하지만, ChatGPT의 등장으로 그 중요성이 상대적으로 약화되었다. 그 대신 학습자들이 ChatGPT의 답변을 비판적으로 다듬거나, ChatGPT가 답하지 못하는 질문에 대한 답을 찾는 역량을 강화할 필요가 있다. 이렇게 하려면 수업 시간에 강의를 진행하는 것보다 학생 스스로 탐구하게 해야 한다.

이를 위해 학생들로 하여금 학습 자료를 먼저 공부하게 하고, 모르는 내용을 질문으로 정리한 다음 수업 시간에는 그 질문에 대해 토론하도록 하는 수업 방안을 제안하였다(Self-study then Discussion: SD). 이 방식은 거꾸로 학습이나 문제 중심 학습과 유사한 면이 있다. 이 제안의 타당성을 확인하기 위해 이 두 가지 다른 방식으로 학습을 하게 한 다음, 시험 결과를 비교하는 실험을 수행하였다. 그 결과 SD로 학습한 집단의 점수가 LR 조건보다 유의미하게 높았다.

이상의 결과는 강의식 수업의 대안으로 SD가 효과적임을 보여준다. 그렇지만, 위 연구가 특정 대학에서 특정 내용을 중심으로 이루어진 연구인 만큼, 그 결과를 일반화할 수 있는 다양한 후속 연구가 필요하다. 예를 들면, 이공계 과목에도 적용되는지 혹은 중·고등학생들을 대상으로도 같은 결과가 얻어지는지 등을 확인할 필요가 있다. 이런 다양한 후속 연구의 필요성에도 불구하고, 이 연구는 강의식 수업의 구체적 대안을 제시한다는 점에서 중요하다.[23]


이 글의 첫 문단은 기존의 강의 중심 수업 방식의 문제점을 제기하고 변화의 방향성을 제시합니다. 두 번째 문단에서는 새로운 제안과 함께 실험 결과를 근거로 제시합니다. 마지막 문단에서는 새로운 제안에 대한 예상 가능한 반박을 후속 연구에서 어떻게 해결할 수 있는지를 제시하고 있습니다. 실험 결과는 가설과 절차 그리고 결과가 분명하다면 논리적이고 타당한 근거로서 기능합니다. 그러나 절차의 타당성에 대한 비판이 제기될 수 있고, 실험 결과를 다른 식으로 해석할 가능성이 남아 있죠. 그 부분을 결론에서 언급한 겁니다.

좋은 논증 글은 다른 사람의 주장을 소개할 때 장점이나 기여를 충분히 인정합니다. 그 구체적인 예를 미국 노스이스턴대의 심리학자 리사 펠드먼 배럿Lisa Feldman Barrett이 쓴 『감정은 어떻게 만들어지는가?』를 통해 살펴보죠.

고전적 견해에 따르면 감정은 진화의 산물이다. 감정은 아주 오래전에 인류의 생존에 유리한 작용을 했으며 지금은 우리가 지닌 생물학적 본성의 고정된 일부다. 따라서 감정은 보편적인 것이다. 즉 나이, 문화, 지역에 상관없이 모든 사람은 당신과 거의 똑같이 슬픔을 경험할 것이다. …

그래서 감정은 일종의 야만적인 반사이며 우리의 합리성과 매우 자주 충돌하는 것으로 간주된다. 당신 뇌의 원시적인 부분에서는 당신이 사장에게 대놓고 "야, 이 멍청이야!"라고 소리치길 원한다. 그러나 당신 뇌의 신중한 부분에서는 그러면 당신이 곧바로 잘린다는 것을 알기 때문에, 당신은 꾹 참는다. 감정과 이성 사이에 이런 종류의 내전이 벌어진다는 것은 서구 문명의 거대 담론 중 하나이다. 이것은 당신을 인간으로 정의하는 데도 한몫한다. 합리성이 없다면 당신은 그저 감정적인 짐승에 불과할 것이다. …

감정에 대한 고전적 견해는 이처럼 확고한 지적 전통에서 탄생했고 우리 문화와 사회에 엄청난 영향력을 발휘하지만, 이 견해가 결코 진실일 수 없음을 보여주는 과학적 증거는 수도 없이 많다. 100년 이상의 과학적 노력에도 불구하고 특정 감정을 일관되게 확인할 수 있는 신체 지문은 단 한 건도 발견되지 않았다. 피험자의 얼굴에 전극을 부착해 어떤 감정을 느끼는 동안 안면 근육이 실제로 어떻게 움직이는지를 측정했던 과학자들은 어머어마한 다양성에 직면했을 뿐이며 거기에서 일관성을 발견하지 못했다. 마찬가지로 신체와 뇌를 연구하는 과학자들도 다양성을, 즉 지문이 없다는 사실을 발견할 뿐이다. …

물론 고전적 견해를 일부 뒷받침하는 증거를 제공한 수백 가지 실험이 있다. 그러나 이 증거를 의심하게 만드는 수백 가지 이상의 실험도 존재한다. 내가 보기에 합당한 과학적 결론은 단 하나다. 감정이 우리가 흔히 생각하는 것과 다르다는 것이다. …

한마디로 말해 우리의 감정은 내장된 것이 아니라 더 기초적인 부분들을 바탕으로 구성된 것이다. 감정은 보편적인 것이 아니라 문화에 따라 다르다. 감정은 촉발되는 것이 아니다. 다시 말해 우리가 감정을 만들어낸다. 감정은 당신의 신체 특성, 환경과 긴밀한 관계를 맺으며 발달하는 유연한 뇌, 이 환경에 해당하는 당신의 문화와 양육 조건의 조합을 통해 출현한다. 감정은 실재하지만, 분자나 뉴런이 실재하는 것과 같은 객관적 의미에서 실재하지는 않다. 오히려 감정은 화폐가 실재하는 것과 같은 의미에서 실재한다. 다시 말해 감정은 착각은 아니지만, 사람들 사이의 합의의 산물이다.[24]

배럿은 우리가 익히 알고 있는 고전적 견해를 상세히 설명하면서 감정에 대한 우리의 지식을 끌어냅니다. 그런 다음 해당 견해의 문제점을 제시하면서 새로운 주장을 펼칩니다. 상반된 견해를 자세히 설명하면 독자들은 지적으로 긴장하면서 내용에 더 집중하고, 필자의 의견에 더 신뢰를 느낄 수 있습니다. 이런 식으로 먼저 논의에 대해 탄탄한 배경을 제시한 다음 세부적인 설명을 이어가면, 자신의 주장을 강화할 수 있습니다.

앞서 본 글에서 실험 결과의 한계를 솔직하게 밝힌 것과 같이 예상 가능한 반론을 미리 반박하는 것도 좋은 글의 특징입니다. 주장의 논리를 강화하면서 독자의 저항 또한 줄일 수 있죠. 만약 반론에 철저하게 반박할 수 없다면, 한계점을 솔직하게 인정하는 것도 하나의 전략입니다. 문제를 해결하는 데 하나의 정답이 있을 수 없고, 당연히 완벽한 주장도 없습니다. 논증적인 글을 쓰는 목적 중 하나는 주장의 한계점을 정확히 인식해

이를 보완할 방법을 모색하는 데 있죠. 글을 쓰다보면 자연스럽게 약점이나 오류에 부딪히기 마련입니다.

주장의 적용 범위와 방법론적 한계를 명확히 하는 것은 마땅히 지켜야 할 연구 윤리이기도 합니다. 자신의 의견을 전개하면서 여전히 남아 있는 문제를 명확하게 정리해두면 후속 연구자들의 참여를 유도할 수 있고, 이들이 새로운 시각에서 더 나은 답을 찾아갈 수 있죠. 글쓰기는 공부의 마지막 단계이자 또 다른 시작입니다. 누군가 새로운 글을 읽고 다시 질문과 토론을 이어갈 테니까요.

지금까지 우리는 여러 강에 걸쳐 읽기, 질문과 토론, 글쓰기의 구체적인 방법과 기술을 살펴보았습니다. 어쩌면 많은 경우에 이미 사용해본 공부법일 수도 있겠지만 이 행위들이 정작 어떠한 의의를 지니는지 깊게 생각해본 적은 없었을 겁니다. 이 강의를 통해 여러분들이 공부의 진정한 의미와 각 활동의 가치를 깊이 이해하고, 더 효과적으로 공부하며, 나아가 새로운 동기를 만들어낼 수 있기를 기대합니다.

# 강의실 엿보기

읽기, 질문과 토론, 글쓰기는 순환적으로 일어납니다. 글을 읽다가 "왜 그렇지?" 혹은 "다른 설명이 가능하지 않을까?" 등 의문이 생기면 답을 찾기 위해 추가로 관련 자료를 찾아 읽어야 합니다. 그렇게 습득한 여러 정보를 통합해 새로운 견해를 글로 쓸수도 있고요. 다른 생각을 가진 사람들이 서로의 글을 읽고 의견을 나누기도 할 겁니다. 철저히 공부하려면 이 세 활동이 조화롭게 어우러져야 합니다. 그래서 저는 학생들을 가르칠 때 비판적으로 읽거나 듣고, 생산적으로 토론하며, 자신의 생각을 글로 조리 있게 표현할 수 있도록 수업을 구성합니다. 제가 13년 이상 사용해온 수업방식을 소개합니다.

우선 학생들은 수업 7일 전부터 2일 전까지 제가 제시하는 참고 자료를 읽고, 관련 주제로 A4 용지 한 장 분량으로 글을 씁니다. 예를 들어, 예습을 주제로 한 수업에서는 마틴 앤더슨 Martin Andersen 등의 「수업 전 예습 부과 대 권고: 둘 사이에 차이가 있을까?」라는 논문의 서론과 결론을 학생들에게 제공했습니다. 이 논문은 경제학 수업에서 예습을 요구받은 학생들과 권

191

장받은 학생들의 성적을 비교한 결과를 보여줍니다. 상위권과 하위권 학생 집단에서는 두 조건 간에 차이가 없었지만, 중위권 학생들 사이에서는 예습을 요구받은 조건에서 최종 성적이 더 높았죠.[1]

이 논문과 함께 제시한 글쓰기 과제의 주제는 다음과 같습니다. "여러분이 이 수업을 위해 예습을 하면서 겪은 어려움을 몇 가지로 유형화한 다음, 개인적으로 가장 큰 어려움으로 느껴지는 부분을 극복하는 데 도움이 되는 지원 방안을 제시하시오." 학생들은 수업 전날 밤 10시까지 2,000자 이내의 글을 써서 동료 평가 기능을 지원하는 클래스프렙Classprep 플랫폼에 업로드해야 합니다. 자료를 읽거나 글을 쓰면서 이해하지 못한 내용이나 다른 친구들과 논의하고 싶은 사항을 질문으로 작성합니다. 과제를 제출하고 나면 수업 시간 전까지, 시스템이 무선적으로 선별한 학생 4명의 글을 읽고 평가한 다음 수업에 참석합니다. 이때 정확성과 객관성을 확보하기 위해 필자는 누군지 모르는 상태로 글만 평가합니다.

실제로 학생이 제출한 글과 질문, 그리고 글에 대한 다른 학생들의 평가는 다음과 같습니다.

## 학생 글

Andersen 등(2018)은 온라인 수업 자료 공부가 학습에 도움이 된다는 기존 연구 결과들을 '시기'와 '대상'의 측면에서 구체화시킨다. 연구자들은 미시경제학 강의에서 학생들에게 수업 전 수업 자료를 예습해오도록 '요구'하거나 '권고'하는 실험을 진행하였다. 그 결과 예습이 요구된 경우, 권고된 경우보다 수업 전에 학습해오는 비율이 훨씬 높았고 시험 점수도 더 높았다. 수업 전 학습이 권고만 된 경우라도 결국 학기말까지는 완료해야 했기에 최종적으로 학습한 양에는 차이가 없었다. 즉, 자료 학습의 '시기'가 수업 전일 때 학습 효과가 컸던 것이다. 한편 이 효과는 학습 능력이 중위권인 경우에 나타났고, 비교적 낮거나 높은 경우에는 미미했다. 다시 말해 수업 전에 중위권 학생이 수업 자료를 공부했을 때 가장 학습에 도움이 된다.

예습이 효과적인 것은 사실이지만, 학생들이 그 과정에서 느끼는 어려움은 해소해야 할 문제이다. 본 수업도 매주 논문이나 교과서 챕터 등을 미리 읽고 글을 작성하는 예습이 필수적인데, 개인적인 경험에 비추어보면 예습의 어려움은 크게 세 가지로 유형화할 수 있다. 첫째, 이해하고 있는 바가 맞는지 확인이 어렵다. 예습에는 교수자의 지도가 관여하지 않기 때문에 자료의 해석 및 글쓰기의 방향성이 옳게 흘러가고 있는지, 이전 학습 내용과는 어떤 연관이 있는지 등의 판단을 스스로가 해야 한다. 그리고 이 판단이 맞는지 아닌지를 수업 전까지는 확인하기 어렵다. 대개 주체적인 과정이 학습 자체에 긍정적인 영향을 주지만, 만약 예습 시 생각했던 방향성과 다르게 수업이 전개된다면 혼란이 온다. 둘째, 학생에게 부담이 된다. 특히 매주 예습을 해오도록 요구하면 학생이 수업에 투자해야 하는 시간이 상당히 증가하는데, 이 부담 때문에 학습을 포기해버릴 위험이 있다. 주어진 수업 시간에 수업만 듣는 데 익숙해져 있는 학생이라면, 필수적으로 요구되는 예습은 할 일을 가중시켜 큰 부담이 될 수 있다. 셋째, 동기 부여가 어렵다. 예습의 효과는 대체로 눈에 잘 띄지 않는다. 학습 자료를 미리 공부한 후 수업을 들으면 이해가 수월해지기는 하지만, 이것이 용어 자체에 친숙해져서 그렇게 느끼는 것인지 실제로 배경지식이 많이 쌓인 것인지 구별해내기는 어렵다. 동기 부여의 부족은 예습의 첫 번째와 두 번째 어려움과 결합했을 때 더 심각한 문제가 된다. 즉, 예습을 했더라도 수업의 실제 방향성과 달라서 소위 헛수고처럼 느껴지거나, 예습의 부담감이 과중해지는 경우 동기가 더더욱 낮아질 수 있다.

예습에 이러한 문제들이 따르면 아무리 그 효과성이 검증되더라도 학생들이 실천하기 어렵다. 따라서 이런 어려움을 극복하도록 학생들을 지원할 필요가 있다. 그중 '방향성 확인의 어려움'은 동료와의 상호작용 통로를 지원해줌으로써 어느 정도 해결할 수 있다. 자신이 예습을 제대로 하고 있는 것인지 알기 어려운 이유는 '혼자' 해야 하기 때문이다. 하지만 예습을 반드시 혼자 해야 하는 법은 없다. 오히려 동료와 함께하는 협동 학습은 일반적으로 학습 효과를 증대시키기에, 예습 시에도 동료와 도움을 주고받으면 더욱 효과적일 것이다. 예습에서의 협동 학습을 현실에서 시행할 방안은 두 가지로 생각해볼 수 있다.

우선, 실제로 팀 단위로 예습 과제를 부여할 수 있다. 개인별로 수업 자료를 공부한 후, 과제는 팀별로 수행하는 것인데, 개인 수준에 비해 다양한 의견을 주고받을 수 있기에 잘못된 방향으로 갔더라도 이를 수정할 가능성이 높다. 하지만 팀 단위의 학습은 학생에게 부담이 클 수 있다. 따라서 이 경우 예습의 주기를 늘리는 등의 방안을 사용해야 한다. 둘째, 개인 단위로 예습을 수행하되 의문점이 든다면 동료에게 질문을 하게 할 수 있는데, 이 방안은 온라인 도구를 이용하면 효율적이다. 예컨대 한 학생이 예습 도중 질문을 입력하면 동료 학생 3명에게 그 질문을 전송하는 프로그램을 사용하는 것이다. 답변의 부담을 경감하면서도 효과적인 답변을 유도하기 위해서는 질문 전송 기간을 제한하거나, 효과적인 답변을 제공했을 시 가산점을 줄 수도 있다.

# 글쓴이의 질문

### 내용 이해와 관련된 질문

예습과 실제 학습 사이에 시간을 얼마나 띄우는 것이 가장 효과적인가요?

### 함께 토론하고 싶은 질문

잘못된 방향으로 예습을 하더라도 학습에 효과적일까요? 오히려 수업을 들을 때 역효과가 나지는 않을까요?

### 기타 이번 주제와 관련된 질문

같은 시간 동안 공부한다고 할 때, 예습과 복습 중 더 효과적인 것은 무엇인가요?

# 동료 학생 A의 평가

### 얼마나 창의적인 글인가?

3/4

협동 학습을 통해 예습의 방향성에 관한 어려움을 극복한다는 방안이 창의적이고 실현가능하다고 생각합니다. 다만 자료와의 연관성을 조금 더 살려주시면 좋을 것 같습니다.

얼마나 잘 쓴 글인가?

4 / 4

문단의 통일성과 응집성이 좋다고 생각합니다. 문장도 깔끔하여 가독성이 좋습니다. 전체적으로 잘 쓴 글이라고 생각합니다.

## 동료 학생 B의 평가

얼마나 창의적인 글인가?

3 / 4

높은 통찰력이 보였습니다.

얼마나 잘 쓴 글인가?

3 / 4

실험 요약을 충실히 하셨고, 글도 읽기 쉽게 써주셨습니다. 평가와 전혀 상관없이, 팀별로 과제를 수행한다면, 의견의 획일화가 이루어지지는 않을까 궁금하긴 했습니다.

학생들은 과제를 수행하는 동안 수업에서 본격적으로 다룰 내용을 숙지한 상태이기 때문에, 저는 수업 시간에 최소한의 정보만 전달합니다. 대신 의견을 나누고 토론할 수 있는 시간을 충분히 제공하죠. 예를 들어 잘못된 방향으로 예습하더라도 학습 효과가 있는지에 대해 3~4명씩 모여 토론한 다음, 전체 학생을 대상으로 그 내용을 공유하게 합니다. 이 과정에서 저는 관련 연구를 소개하며, 잘못된 방향으로 예습하는 실수야말로 우리가 가장 많은 것을 배울 수 있는 좋은 기회임을 알려줍니다.

수업이 끝나고 나면 학생들은 동료 피드백과 수업 내용을 참고하여, 제출했던 글을 수정해야 합니다. 고친 내용은 클래스프렙 시스템에 내장된 알고리즘이 자동으로 채점합니다.

학생 입장에서는 듣기만 해도 복잡하고 귀찮은 활동이죠? 하지만 힘든 만큼 좋은 성과가 나타나는 법입니다. 이렇게 자기주도적이고 또 능동적으로 생각하는 경험만이 깊은 지식을 쌓는 공부로 이어집니다. 고차적 사고, 즉 적용하고 비판하고 평가하며 창조하는 활동은 직접 해보지 않으면 실력이 늘지 않습니다.

정해진 답이 없는 문제를 다루는 게 처음에는 어색하고 어렵습니다. 저도 그랬습니다. 제 수업을 들은 학생들 또한 수업 초반에는 이 활동들에 부담을 느꼈지만, 수업을 거듭하면서는 점차 편하게 피드백을 주고받으며 생각을 나누었습니다. 강의 평가에서는 이런 수업이 많아지기를 바란다는 반응을 보이기도 했죠. 오랫동안 강단에 서며 깊은 지식을 쌓게 하는 이런 수업을 확산하는 것이 저의 소명이라고 생각합니다.

# 공부를 잘하고 싶어 하는 이들을 위한 조언

일찍이 공자는 『논어』에서 사람의 본성은 서로 비슷하지만 습관이 큰 차이를 만든다고 말했습니다. 아리스토텔레스도 "인간은 반복적으로 행하는 것에 의해 판명되는 존재로, 탁월함은 단일 행동이 아닌 습관에서 비롯된다"[1]라고 주장했죠. 즉 '무엇을 꾸준히 하느냐'가 그 사람을 결정하는 중요한 요인이라는 겁니다. 저는 여러분이 꾸준히 공부하며 발전하는 사람이 되었으면 합니다.

인간은 생애 발달 과정에서 끊임없이 환경과 상호작용 하며 변화합니다. 공부도 예외는 아닙니다. 환경에 적응하고, 때로는 환경을 직접 변화시키며 공부에 유리한 자원을 적절히 활용해야 잘할 수 있습니다. 이번 시간에는 각자 타고난 특성, 태도와 마음가짐, 환경적 요인 등이 공부에 어떤 영향을 주는지 살펴보죠. 그리고 꾸준히 공부하려면 이 자원들을 어떻게 활용하고 노력해야 하는지 알아봅시다.

# 공부 자원 체크리스트

사업이나 투자를 시작하려면 좋은 아이디어, 함께 일할 동료, 초기 자금 등이 필요합니다. 이들이 많을수록, 서로 조화를 이룰수록 좋은 성과를 거둘 가능성이 크죠. 공부도 마찬가지입니다. 건강, 지능, 성격, 태도, 올바른 공부법, 주변 환경의 지원까지 다양한 층위의 자원이 공부 성과에 영향을 미칩니다. 아래의 체크리스트를 통해 여러분의 공부 자원을 파악하고, 어떤 부분을 어떻게 키워나가면서 활용할 수 있을지 고민해봅시다.

### 나의 공부 자원 체크리스트

| 전혀 그렇지 않다 | 대체로 그렇지 않다 | 대체로 그렇다 | 전적으로 그렇다 |
|:---:|:---:|:---:|:---:|
| 1점 | 2점 | 3점 | 4점 |

1. 우리 가족은 사이가 좋다.
2. 집에 있는 게 좋다.
3. 부모님은 내 공부에 큰 관심을 보인다.
4. 집에서 내 모습 그대로 받아들여진다고 느낀다.
5. 가족들은 내가 도저히 해낼 수 없는 높은 성적을 기대한다.

6. 학교에서 열심히 공부한다.

7. 학교 친구들과 친하게 지낸다.

8. 전반적으로 선생님들과 사이가 좋다.

9. 학교에서 괴롭힘을 당한다.

10. 학교 가는 게 싫다.

11. 바른 자세로 공부한다.

12. 아침을 잘 챙겨 먹는다.

13. 규칙적으로 충분히 잔다.

14. 걱정이 많은 편이다.

15. 자주 우울해진다.

16. 공부는 어렵지만 그만큼 가치가 있다고 생각한다.

17. 풍요로운 삶을 위해 공부가 필요하다고 생각한다.

18. 해야 하는 공부를 잘 해낼 수 있다.

19. 지식은 비판을 통해서 발전한다고 생각한다.

20. 암기하면 이해가 된다고 생각한다.

21. 효과적인 공부법을 알고 있다.

22. 사람마다 자신에게 맞는 공부법이 다르다고 생각한다.

23. 이해했는지 확인하기 위해 스스로에게 혹은 다른 사람에게 설명한다.

24. 집중하기 위해 자주 혼자 중얼거린다.

25. 이해한 내용을 노트에 필기해둔다.

26. 내가 궁금한 내용을 알기 위해 공부한다.

27. 나의 성장을 위해 공부한다.

28. 새로운 지식 습득을 즐긴다.

29. 칭찬받기 위해 공부한다.

30. 친구들에게 뒤지지 않기 위해 공부한다.

31. 여러 이유로 목표한 만큼 공부하지 못한다.

32. 공부하기 위해 책상 앞에 앉기가 힘들다.

33. 구체적인 계획을 세우고 공부한다.

34. 계획을 세우면 바로 실행한다.

35. 정해진 공부 시간을 채운다.

36. 시험 보기 전후에 점수를 예상해본다.

37. 시험 전에 예상해본 점수는 비교적 정확하다.

38. 내가 세운 목표를 달성하는 데 걸리는 시간을 비교적 정확히 예측한다.

39. 제대로 하고 있는지 점검하며 공부한다.

40. 과정이나 결과에서 문제를 발견하면 개선 방안을 만들고 실행한다.

41. 수업에 앞서 예습한다.

42. 먼저 혼자 공부하고 모르는 것을 다른 사람에게 배운다.

43. 누군가에게 배운 내용을 직접 실행해본다.

44. 궁금한 내용에 대해 질문한다.

45. 시험에 나오지 않을 내용이라도 재미가 있으면 파고든다.

46. 책과 다른 설명 방식을 상상해본다.

47. 모호한 상황을 잘 견딘다.

48. 해야 할 공부를 뒤로 미룬다.

49. 문제를 잘못 읽거나 계산 과정에서 실수할 때가 종종 있다.

50. 복잡한 문제에 대해 생각하는 것을 즐긴다.


설문은 가정 환경(1~5번 문항), 학교 환경(6~10번 문항), 건강(11~15번 문항), 공부 태도와 신념(16~20번 문항), 공부 전략(21~25번 문항), 공부 동기(26~30번 문항), 실행(31~35번 문항), 평가(36~40번 문항), 자기주도성 및 능동성(41~45번 문항), 그리고 성격(46~50번 문항) 영역에 대해 각각 5문항으로 구성되어 있습니다. 이 중 5, 9, 10, 14, 15, 20, 22, 29, 30, 31, 32, 48, 49번 문항은 역채점 문항으로, 5점에서 자신이 표시한 점수를 뺀 값으로 해당 문항의 점수를 조정해야 합니다. 예를 들어 14번 문항 '걱정이 많은 편이다'에 '전적으로 그렇다'이면 4점으로 생각하지 않고, 5점에서 4점을 뺀 1점으로 계산하는 겁니다. 최종 점수는 200점 만점으로, 이 점수가 높을수록 공부에 유리한 자원을 많이 가지고 있다는 뜻입니다. 점수를 기록해놓고 3~6개월마다 반복적으로 각 문항을 점검하면서 어떤 부분에 변화가 있는지 확인해보세요.

여러분의 강점은 무엇인가요? 각 영역들이 우리의 공부에 미치는 영향을 함께 살펴보겠습니다.

# 건강: 지치지 않고 공부하는 법

오랫동안 공부하려면 어렵고 지루한 일도 묵묵히 해내는 지구력이 중요합니다. 이를 위해서는 건강이 뒷받침되어야 합니다. 하루 열심히 공부하고 나면 기진맥진한 체력으로는 오래 공부하기 어렵겠죠. 어떻게 해야 건강해질 수 있을까요? 운동 선수들에게서 힌트를 얻을 수 있습니다. 선수들은 체력을 관리하기 위해 '규칙적으로' 생활합니다.

적어도 7~8시간은 숙면을 취하세요. 많은 학생들이 공부 시간을 확보하기 위해 수면 시간을 줄이거나 아예 밤을 새곤 합니다. 혹시 사당오락四當五落이라는 말을 들어본 적이 있나요? 4시간 자면 합격하고 5시간 자면 떨어진다는 뜻입니다. 그러나 현실적으로 하루에 3~4시간 자면서 건강을 유지하기는 어렵습니다. 미국수면의학회에서 이야기하는 고등학생 권장 수면 시간은 8~10시간이죠.[2] 여러분 같은 대학생이나 성인들의 경우도 수면 시간을 충분히 확보하는 것이 중요합니다. 약간의 개인차는 있겠지만, 깨어 있는 시간 동안 일에 제대로 집중하기 위해서는 6시간 이상 숙면을 취해야 합니다.

아침은 꼭 챙겨 먹는 것이 좋습니다. 신체 발달은 물론 공부를 위해 필요한 에너지를 섭취할 수 있기 때문이죠. 한때 미국에서는 아침은 왕처럼, 점심은 왕자처럼, 저녁은 거지처럼 먹으라는 말이 유행할 만큼 아침 식사가 화두였던 적이 있었죠. 영양학자들은 하루에 필요한 전체 열량 중 15~25%를 아침에 섭취하라고 이야기합니다.[3] 20대 성인의 하루 권장 열량이 2,000~2,500kcal이므로 적게는 300kcal부터 많게는 625kcal까지 아침으로 채우는 것이 좋습니다.

그런데 한국 질병관리청에서 진행한 국민건강영양조사 결과에 따르면 아침 식사 결식률 추이는 계속 높아지는 추세입니다. 2022년에는 34%를 기록했죠.[4] 3명 중 1명이 아침을 먹지 않는 셈입니다. 초등학생부터 대학생까지 대상으로 한 여러 연구를 종합한 결과, 아침을 규칙적으로 자주 먹는 학생들이 안 먹는 학생들에 비해 전반적인 학업 성취도가 유의미하게 높았습니다.[5] 아침을 먹지 않으면 점심과 저녁에 과식할 가능성이 커지면서 수면에도 악영향을 끼칠 수 있습니다.

땀 흘릴 정도의 운동도 필수입니다. 운동으로 땀을 흘리고 나면, 근육이 생기고 기분이 좋아질 뿐 아니라 지능도 높아집니다.[6] 세계보건기구에 따르면, 5~17세의 경우 하루에 1시간 이상 달리기나 맨손 체조 등 중강도의 운동 혹은 주 3회 이상 고강도의 운동을 권장합니다. 18~65세라면 일주일에 150~300분 시간을 들여 중간 강도로 운동할 것을 추천합니다.[7] 매일 약

20~40분 정도 운동하는 셈이죠. 만약 매일 실천하기 어렵다면 적어도 주 3회, 한 번에 30분 이상은 꼭 운동하길 바랍니다. 운동은 즐겁게 할수록 효과가 높은 만큼, 친구들과 함께 운동을 하거나 음악에 맞추어 춤을 추는 것도 좋습니다.

## 공부 태도와 신념: 공부와 나에 대한 믿음

"생각을 심으면 행동을 거두고, 행동을 심으면 습관을 거두고, 습관을 심으면 인격을 거두고, 인격을 심으면 운명을 거둔다." 19세기 미국의 철학자이자 시인인 랠프 에머슨Ralph Emerson이 남긴 말입니다. 생각의 힘은 운명을 뒤흔들 만큼 강력합니다. 가정과 사회의 영향 속에서 의식적, 무의식적으로 얻게 된 공부에 대한 믿음 또한 공부 성과에 영향을 주죠.

심리학에서는 지능을 대하는 태도, 인식론적 신념, 학업적 자기효능감 등에 주목해왔습니다. 스탠퍼드대의 심리학자 캐럴 드웩Carol Dweck은 지능, 즉 인지적인 능력을 대하는 태도를 성장 마인드셋과 실체 마인드셋으로 구분했습니다.[8] 전자는 지능이 변할 수 있다고 생각하는 입장인 반면 후자는 그렇지 않다고 보는 입장이죠. 전자의 관점을 취하는 사람들이 더 꾸준히 공부한다고 합니다. 이런 관점 차이가 실제로 얼마나 큰 영향을 주는지는 논란이 있기는 하지만, 노력하면 지능이 좋아질 수 있다는 믿음을 갖는 것이 그리 나쁘지는 않겠죠.

한편, 지식의 본질에 대한 인식론적 신념은 연령에 따라 변화합니다. 어린아이들은 지식이 객관적이고 절대적인 진리라고 믿지만 나이가 들면서 점차 지식을 다면적이고 가변적인 구성체로 봅니다. 여러분도 어렸을 때는 교과서가 세상의 진리이자 정답이라고 믿었던 적이 있지 않나요?

자기효능감은 심리학자 앨버트 반두라Albert Bandura가 처음으로 소개한 개념으로, 자신이 학업을 잘 해내어 목표한 바를 이룰 수 있다고 믿는 마음을 의미합니다. 자기효능감이 높으면 도전적인 과제도 적극적으로 수행하려고 하고, 쉽게 포기하지 않으며, 자신에 대한 확신이 있기 때문에 실패에도 굴하지 않습니다. 당연히 학업 성취도 또한 높을 수밖에 없죠.

## 공부 동기: 타인의 평가에 흔들리지 않으려면

여러분은 어떤 사람인가요? 어떤 삶을 살고 싶나요? 대략적인 방향을 정하지 않고 살다보면 사는 대로 생각하기 쉬워집니다.

공부는 스스로가 삶의 주인으로 살아가기 위한 활동입니다. 삶의 목적이 없다면 공부 목표도 흔들리기 쉽습니다.

목표를 이루기 위해 방해 요인에 저항하며 인내하는 특성을 동기라고 합니다. 공부하면서 겪는 어려움을 이겨낼 수 있게 만드는 힘이죠. 동기는 흔히 외적 동기와 내적 동기로 구분합니다. 외적 동기는 부자가 되거나, 다른 사람에게 멋져 보이거나 인정받는 등 환경적 보상을 추구합니다. 내적 동기는 개인적 성장, 성취감, 호기심 해결 등 심리적인 보상에 초점을 맞추고요. 어떤 사람은 두 유형의 동기를 동시에 추구할 수도 있을 겁니다. 그러나 내적 동기에 비해 외적 동기를 과도하게 추구할수록 정신 건강에 좋지 않습니다. 객관적인 결과에 민감해지고, 실패하지 않는 데 집중하기 때문에 목표를 이루지 못했을 때 큰 좌절감에 빠지기 쉽죠. 내적 동기를 추구할수록 심리적으로 긍정적인 영향을 받습니다.

나는 누구인가? 나는 무엇을 좋아하나? 나는 언제 기쁜가? 내게 중요한 사람은 누구인가? 내게 중요한 가치는 무엇인가? 나는 어떤 목표나 가치를 추구하며 살고 싶은가? 나는 어떤 일을 하고 싶은가?… 이러한 질문에 답해보면서, 자신이 하는 공부나 일의 의미를 찾아가야 외적 동기에 휘둘리지 않고 타인의 시선에 흔들리지 않을 수 있습니다.

# 성격: 어떤 성향이 공부에 도움이 되는가

심리학에서 성격은 빅파이브Big5 모델로 설명합니다. 외향성, 개방성, 성실성, 정서적 불안정성, 그리고 친화성이라는 다섯 가지 요인을 성격을 구성하는 요인으로 보죠.[9] 성격과 지능의 관계에 대한 수많은 연구를 종합한 결과를 살펴보면 다음과 같습니다. 개방성은 지능과 0.2~0.3 정도의 상관을 보이고, 정서적 불안정성은 지능과 −0.09~−0.08의 상관을 보입니다.[10] 한 연구에서는 성실성과 지능의 상관이 드러나지 않았지만, 또 다른 연구에서는 0.35 정도로 통계적으로 유의미한 상관이 있다는 결과가 나오기도 했습니다.[11]

상관 계수가 양수라면 하나의 변인이 증가할 때 다른 하나의 변인도 증가하고, 음수라면 하나의 변인이 증가할 때 다른 하나의 변인은 감소합니다. 이 사실을 염두에 두고 연구 결과를 종합해보면, 정서적으로 안정되어 있을수록, 개방성과 성실성이 높을수록 공부를 잘할 가능성이 높습니다. 그러나 상관의 강도가 높지 않고, 상관 관계는 인과 관계와 다르기 때문에 이러한 성격을 가진 사람이 무조건 공부를 잘하는 것은 아닙니다.

# 공부의 시작은 목표 설정

이제 본격적으로 공부를 시작해볼까요? 먼저 공부 목표를 설정해야겠죠. 계획 없이 일하는 것은 실패를 계획하는 것과 다름없습니다. 목표가 있을 때와 없을 때 우리의 삶과 행동은 큰 차이를 보입니다. 목표가 없는 상태에서는 갈피를 못 잡고 방황하지만, 목표가 있으면 방향성과 에너지가 생깁니다. 목표는 그 자체로 동기를 부여하는 수단입니다.

지금 잠깐 멈춰서 공부 목표를 생각해보세요. 마음속으로 목표를 정했다면, 드웩이 제시하는 목표 유형 중 어디에 해당하는지 확인해봅시다. 목표는 크게 두 가지 유형, 즉 숙달목표와 수행목표로 나뉩니다. 숙달목표는 결과보다 과정에 집중하는 목표로, 과제를 얼마나 능숙하게 잘 해내는지, 공부 전후 자신의 역량이 얼마나 변화했는지가 핵심입니다. 반면 수행목표는 과제의 결과를 타인의 것과 비교하고 타인에게 보여주기 위한 목표입니다.[12]

수행목표는 다시 수행접근목표와 수행회피목표로 나뉩니다. 수행접근목표는 타인과 비교했을 때 자신이 유능하다는 평가를 받고자 하는 의지를, 수행회피목표는 무능력한 사람으로 평가받지 않으려는 마음을 내포하고 있습니다.

만약 수행접근목표를 가진 학생이 해당 목표를 여러 번 달성하지 못한다면 실패를 피하기 위해 수행회피목표를 세우기 시작합니다. 이런 경우 학습된 무기력 상태에 빠질 수 있습니다. 학습된 무기력이란 노력을 거듭해도 환경이 바뀌지 않는 경험이 반복될 경우, 상황에 대한 통제감을 상실해 무기력한 상태에 놓이는 현상을 일컫습니다. 충분히 극복할 수 있는 상황에서도 더 이상 아무런 노력을 기울이지 않게 되죠.

여러분의 목표는 어디를 향해 있나요? 수행목표를 과도하게 추구하면 성공과 실패에 민감해지고 실패를 경험할 때 극복하기 어렵습니다. 내적 동기를 유지하고 장기적인 공부 효율을 추구하려면 숙달목표를 지향하는 것이 좋습니다. 이는 결과에 흔들리지 않는, 진정한 공부를 하는 데 유리합니다.


## 성공 경험을 쌓는 목표 설정법

학습된 무기력 상태에 빠지지 않고 꾸준히, 그리고 깊게 공부하려면 스스로의 성장에 초점을 두고 작은 성공부터 경험해야 합니다. 새로운 영역을 배울 때는 성공 확률이 높은 목표를 정하고, 점차 난도를 높여나가세요. '3일 만에 심리학개론 정독하기'

같이 시간에 쫓겨 세운 비현실적인 소망은 곤란합니다. '더 나은 사람으로 성장하기'처럼 추상적인 수준의 목표도 지양하세요. 달성 기준을 세우기도 어렵고 달성 여부를 측정하기도 어렵습니다.

바람직한 학습 목표의 조건은 경영 컨설턴트 조지 도런George Doran이 제안한 SMART 기법으로 설명할 수 있습니다. 구체적이고specific, 측정할 수 있고measurable, 달성할 수 있고 achievable, 실현 가능하며realistic, 기한이 정해진time-bound 목표를 세워야 합니다.

특히 목표는 기간에 따라 세분화할 수 있습니다. 예를 들어 장기 목표는 '사전 없이 영어책 읽기', '대학 교양 수학 문제를 90% 이상 풀 수 있는 실력 갖추기' 등으로 설정할 수 있습니다. 단기적으로는 '대학생을 위한 필수 영단어 500개 외우기', '금융 수학의 기본 개념에 대한 여러 유형의 문제 익히기'를 목표로 삼을 수 있겠죠.

단기 목표는 다시 주 단위나 하루 단위로, 하루치 목표도 다시 20~30분으로 이루어진 단위로 나눌 수 있습니다. 더 구체적으로 나눌수록 목표 달성의 소소한 기쁨을 누리기 쉬울 겁니다. 단, 지나치게 계획에 신경 쓰면 계획을 실천하기도 전에 지칠 수 있으니 처음 목표를 세울 때는 가볍게 한두 개 정도로 세우고 실천하면서 세부 목표를 늘려가도록 하세요.

　이렇게 목표를 세웠다면 길게 생각하지 않고 바로 실행해야 합니다. 학생들의 많은 다짐이 작심삼일로 끝나곤 합니다. 작심삼일을 이겨내기 위해서는 3일 단위로 목표 달성 여부를 점검하고, 부족한 점이 있다면 원인을 분석해 새로운 계획을 세우세요. 만일 계획을 2~3일 동안 성공적으로 실행했다면 작더라도 스스로에게 보상을 주세요. 그리고 4~5일로 기간을 늘려 다시 계획을 실행해나가세요. 여기서 보상은 거창한 걸 말하는 게 아닙니다. 스스로 해주는 칭찬, 좋아하는 음식, 달콤한 휴식 등 여러분을 행복하게 만드는 모든 것들이 보상이 될 수 있죠. 성공에 대한 적절한 보상은 또 다른 성공으로 이어집니다. 많은 사람이 큰 성공만 추구하다가 작은 성공이 쌓여 만드는 변화를 포착하지 못합니다. 작은 성취가 모여 습관이 되고, 이 습관이 결국 큰 성공을 만든다는 사실을 명심하기 바랍니다.

## 시간이냐 분량이냐

공부 일정을 계획할 때는 크게 두 가지를 기준으로 삼을 수 있습니다. 바로 시간과 분량입니다. 예를 들어 시간을 기준으로 한다면 A 과목을 두 시간 공부한 다음, B 과목을 한 시간 정도 공부하는 계획을 세울 수 있겠죠. 반대로 분량을 기준으로 한다면 A 과목의 한 단원을 모두 이해한 다음 B 과목으로 넘어간다고 일정을 짤 수 있을 겁니다. 평소에 여러분은 어떻게 공부하나요? 저는 시간을 기준으로 일정을 계획하는 걸 추천합니다. 분량을 정해놓고 공부할 때보다 부담감을 덜 느끼기 때문에 공부 습관을 잡아가기에 적절하죠.

그중에서도 포모도로pomodoro 기법을 이야기하고 싶습니다. 이는 이탈리아어로 토마토를 뜻하는 말입니다. 1890년대 이탈리아의 한 대학생이 토마토 모양의 주방용 시계를 사용해 공부하기 시작한 데서 유래했습니다. 방법은 간단합니다. 25분간 공부하고 나서 5분 정도 휴식을 취하는 겁니다. 그리고 이런 세션을 3~4번 진행한 다음에는 1시간 정도 길게 쉽니다.

실제로 포모도로 기법을 사용해 '시간'을 기준으로 공부하는 방법과 '과제 완수'를 기준으로 공부하는 방법의 효과를 비교한 연구가 있습니다. 실험 대상에게 스도쿠나 수학 문제를 풀게 하되, 한 집단은 10분 집중한 다음 2분 쉬는 식으로 풀게 하고 다른 집단은 평균 10분 정도면 끝낼 수 있는 단원을 하나 마칠 때마다 2분 쉬어가면서 풀게 했습니다. 두 집단이 실질적으로 공부한 시간과 쉬는 시간은 같게 하고 방식만 달리한 겁니다.

놀랍게도 포모도로 기법을 사용한 집단이 제대로 푼 문제의 수가 더 많았습니다.[13]

공부 시간은 25분, 30분 혹은 40분 등 집중을 유지할 수 있는 정도로 유연하게 조절하면 됩니다. 다만 처음부터 과도하게 긴 시간을 설정하기보다는 쉽게 집중할 수 있는 시간에서 시작해 점차 늘려가는 것이 더 좋습니다. 많이 하는 것보다 꾸준히 하는 것이 더 중요합니다.

공부 회기 사이에서 휴식을 취할 때는 에너지 소비를 최소화해야 합니다. 과격한 운동과 자극적인 음악, 신경을 써야 하는 게임은 피하고 눈 감고 쉬기, 멍 때리기 혹은 명상하기를 권합니다. 제 지도 학생이 서울대 학생을 대상으로 휴식에 대해 연구한 적이 있습니다. 학생들을 세 집단으로 나눠 수학 문제를 풀게 한 다음 휴식 시간 활동으로 가만히 있기, 웹서핑 또는 게임을 하게 했는데요. 휴식 후 다시 수학 문제를 풀게 했더니 가만히 있었던 집단의 수행이 제일 높았고, 나머지 두 집단 간에는 차이가 없었습니다.[14] 괴테의 말처럼 "아무것도 하지 않는 것에도 가치가 있"는 겁니다.

그렇다면 하루에 몇 시간 정도 공부하는 것이 좋을까요? 참고로 미국 대학에서는 수업 시간이 1시간이라고 가정했을 때 문과 전공생은 2시간, 이과 전공생은 3시간 공부할 것을 권장

합니다. 문과는 수업 시간의 2배, 이과는 수업 시간의 3배를 공부해야 하죠. 대략 1시간당 1학점이라고 계산할 때, 18학점을 수강한다면 문과생은 일주일에 36시간, 이과생은 54시간 정도 공부하는 것이 좋습니다. 따라서 수업 외에 스스로 공부하는 시간을 하루에 5시간은 확보해야 합니다. 그런데 지난 20년간 미국의 대학생활실태조사 결과를 보면 학생들의 주당 공부 시간은 15시간 내외에 불과하죠.[15]

한국 대학생의 사정도 별반 다르지 않습니다. 2020년 통계청에서 발표한 「2019년 생활시간조사」 결과에 따르면, 대학생의 하루 평균 공부 시간은 3시간 30분으로, 고등학생은 물론이고 초등학생보다 적습니다.[16] 서울대 재학생 1,000명과 신입생 500명을 대상으로 한 설문조사 결과도 비슷합니다. 수업이 있는 날 기준으로 학생들은 4시간 35분 수업을 듣고, 전공 관련 공부를 하는 데 2시간 20분, 전공 외의 공부를 하는 데 44분 정도 할애한다고 합니다.

대학생의 공부 시간이 유독 적은 것은 고액의 등록금을 납부하는 교육 시스템의 영향이 큽니다. 교육 서비스를 구매한 고객으로서 스스로를 소비자로 생각하는 태도가 강하기 때문이죠. 소비자 정체성을 가지고 있는 학생들은 대학 진학의 목표를 지적 수준의 향상보다 원하는 학위를 취득하는 데에 둡니다. 최대한 효율적으로 커리큘럼을 이수하면서 좋은 성적을 받기 위해 내용이 어렵거나 과제가 많은 수업을 피하고 싶어 하죠. 전공 수업도 필수 수강 과목이 아니라면 회피하는 게 현실입니다. 학생들이 스스로를 고객으로 보는 만큼 공부 효과가 떨어진다는 실증적인 연구 결과도 있습니다.[17] 여러분도 대학을 하나의 서비스로만 인식하고 있지는 않은가요? 소비자가 아닌 학습자로서 배움에 임하며 공부 시간을 늘리기 위해 노력하시기 바랍니다.

## 집중할 수밖에 없는 공부 환경 만들기

때로는 여러 유혹이 여러분의 마음을 뒤흔들 겁니다. 5분만 더 쉬고, 10분만 더 쉬고, 30분만 더 쉬고, 이것까지만 보고… 그러다가는 하루를 날려버리기 쉽습니다.

이럴 때는 자신의 통제력이 높다고 생각하는 믿음을 가지고 제삼자의 입장에서 스스로를 타일러보세요. 눈앞의 유혹을 벗어나기 위해 10분 후, 10일 후, 10년 후 자신의 모습을 떠올려보는 것도 좋은 전략입니다. 스스로 열심히 노력하는 사람이나 포기하지 않는 사람이라고 인식할수록 습관을 잘 지켜낼 가능성이 높습니다.

그러나 모든 일이 의지만으로 되지는 않죠. 자기 통제에 대한 믿음을 가지면서도 목표 달성에 유리한 '환경'을 조성하는 것이 더 현명한 전략입니다. 특정 유혹을 버티기 힘든 상황에서 어떻게 대처할지 미리 매뉴얼을 만들어놓는 것처럼 말이죠. 예를 들어 공부 도중에 전화가 와도 받지 않기로 미리 결정해두는 겁니다. 유혹에 적절하게 대처하지 못했을 때의 벌칙을 정해두는 것도 좋습니다. 자신의 최대 집중력을 100이라고 할 때, 계획한 공부 시간 동안 50 이상 집중하지 못하면 30분 이상 뛰기, 이틀 넘게 50 이상으로 집중하지 못하면 주말에도 쉬지 않고 공부하기, 도서관에서 1시간 이상 자면 벌금으로 만 원씩 적립해 친구들에게 커피 사주기 등. 소소한 벌칙에서 시작해 점차 강도를 올려 스스로 부담스럽게 해보세요.

다만 강박에 빠지지 않도록 주의하세요. 공부에 집중하지 못하고 잡념에 빠지는 시간이 많아 힘들다면, 이를 억제하기보다는 수용하는 전략이 좋습니다. 사람들은 딴생각이 들 때 일반적으로 억제 전략을 사용하고 자신을 질책하기도 하는데, 사실 잡념은 뇌에서 발생하는 자연스러운 활동입니다. 하지만 그 생각에 오래 머물러도 괜찮다는 의미는 아닙니다. 스스로를 안심시킬 필요가 있다는 겁니다. 잠깐 딴생각을 하더라도 금방 다시 집중하면 된다고 속으로 되뇌어보세요. 여러 번 반복하다보면 어느 틈엔가 잡념에 빠지는 시간이 줄어 있을 겁니다.

집중할 수밖에 없는 물리적 조건을 형성하는 방법도 있습니다. 우리가 의식하지 못하지만 환경적 단서가 우리의 습관적 행동에 영향을 줍니다. 이사를 하면 이전 생활공간에서 지속해온 행동 패턴들이 약해지는 것도 바로 이러한 이유 때문입니다. 새로운 환경에는 습관을 부르는 환경적 단서가 없어서 자연스럽게 행동의 빈도가 줄어듭니다. 가능하면 늘 같은 장소에서 공부하는 것이 좋습니다.

공부 장소를 정해 바른 자세로 책상 앞에 앉습니다. 책상 위에는 책과 노트 한 권, 필요한 교재만 놓고, 그 밖의 모든 물건을 치웁니다. 스마트폰은 손이 닿지 않는 곳에 놓습니다. 1~2분간 심호흡을 하며 마음을 가다듬으세요. 그리고 미리 정한 공부 시간 동안 최대한 집중하세요. 포모도로 공부법을 활용해 짧게는 25분, 길게는 1시간 정도 공부에 전념합니다. 쉴 때는 책상에서 아예 벗어나 짧은 명상, 간단한 스트레칭 등을 합니다. 다시 책상 앞으로 돌아와 공부에 전념하는 일을 반복합니다. 한 회기를 3~4번 진행했다면 30분에서 1시간 정도 길게 쉬세요.

이러한 방법은 인간의 행동 변화를 연구하는 여러 이론 중 행동주의 학습 이론을 바탕으로 합니다. 이 관점에서는 인간이 환경적 자극에 대해 수동적으로 반응하는 존재라고 봅니다. 따라서 자극에 따라 행동이 달라지죠. 책상을 자극으로 삼고 이에 대한 반응으로 공부라는 행동을 이끌어내기 위해서는 책상을 오로지 공부만 하는 장소로 만들어야 합니다. 따라서 휴식을 취할 때나 집중이 되지 않으면 과감하게 책상에서 벗어나는 것이 좋습니다. 불면증을 치료할 때도 같은 방법을 이용합니다. 침대에서는 잠만 자고, 동영상 시청이나 독서 같은 다른 활동을 할 때는 침대에서 멀리 떨어지게 하죠. 책상은 공부만 하는 공간, 침대는 잠만 자는 공간이라는 것을 우리 뇌에게 학습시키는 겁니다.

## 경험과 기억을 하나로

보통 과거를 떠올리면 힘든 일보다 좋은 기억들이 더 선명합니다. 지나간 고민이나 아픔은 쉽게 미화되곤 하죠. 기억은 쉽게 변화하고 또 왜곡됩니다.

심리학자 대니얼 카너먼Daniel Kahneman은 현재를 겪는 경험자아와 과거의 순간을 회상하는 기억자아의 판단이 다르다는 점을 지적했습니다. 환자가 수술 당시 자신이 느끼는 통증의 정도를 매 순간 기록할 때와 수술이 끝난 후 보고할 때 그 내용이 달랐습니다. 기억자아는 가장 고통스러웠을 때와 수술 마지막 순간의 통증을 기준으로 고통을 판단했기 때문에 경험자아가 보고한 실제 통증과 큰 차이를 보이기도 했습니다. 즉, 경험자아가 훨씬 더 큰 통증을 느끼더라도 수술 마지막 순간에 크게 아프지 않았다면 기억자아는 통증을 과소평가하여 판단할 수 있다는 거죠.[18]

기억자아가 고통을 축소하여 기억하는 것은 정신 건강에 꽤 이롭습니다. 그러나 공부할 때 경험자아와 기억자아가 다르면 매우 곤란해집니다. 내가 무엇을 알고 모르는지 정확하게 파악할 수 없기 때문이죠. 일정 시간 공부한 다음 얼마나 열심히 했는지를 평가할 때 기억자아가 경험자아보다 더 열심히 공부했다고 과장한다면, 생각하고 기대한 것만큼 성적이 나오지 않는 경험만 늘어갈 겁니다. 따라서 공부할 때는 경험자아와 기억자아의 간극을 메우기 위해 공부 활동을 기록으로 남기는 것이 좋습니다. 하루에 어느 정도의 시간을 얼마나 집중하며 공부하는지, 공부에 도움이 되는 요인과 그렇지 않은 요인은 무엇인지 기록으로 남겨보세요. 다음 페이지의 예시를 참고하여 공부 일지를 작성해보세요. 이를 통해 정기적으로 공부 과정을 점검하며 개선점을 찾아보세요.

표 6. 공부 일지 예시

| 시간 | 과목/주제 | 내용 | 집중도 | 이해도 | 비고 |
|---|---|---|---|---|---|
| 09:35 ~ 10:05 | 대학 국어 읽기 | 『생각은 어떻게 글이 되는가』 2장 읽음 | 80 | 90 | – |
| 10:10 ~ 10:35 | 대학 국어 쓰기 | 공부와 일의 관계 1문단 14행 작성 | 90 | – | 예정보다 5분 먼저 끝냄 |
| 10:45 ~ 11:15 | 심리통계학 표준편차 | 표준편차 계산 시 n대신 (n-1)로 나누는 이유를 인터넷에서 찾아봄 | 60 | 50 | 검색 중 딴짓 많이 함 |
| 11:20 ~ 11:50 | 학습심리학 학습과학 | Sawyer(2022) 1장 1~6 읽음 | 90 | 80 | 표 내용과 본문 내용이 약간 다름 |
| 13:00 ~ 13:30 | 학습심리학 학습과학 | Sawyer(2022) 1장 7~12 읽음 | 60 | 70 | – |

# 실패는 과정일 뿐

"끝날 때까지는 끝난 게 아니다." 미국의 전설적 야구 선수 요기 베라Yogi Berra가 감독으로 몸담고 있던 팀이 리그 최하위를 맴돌 때 남긴 말입니다. 그리고 그의 팀은 기적적으로 메이저리그의 우승팀을 가리는 월드시리즈까지 진출했습니다. 운동 경기에는 끝이 있고 정확한 승패가 있지만 안타깝게도 공부에는 끝도 없고 승부도 없습니다. 중간에 지쳐 포기하기 쉽죠.

어떻게 하면 포기하지 않고 공부라는 경기에 임할 수 있을까요? 조바심을 가라앉히고 반복적인 실패에 굴하지 않아야 합니다. 누구나 자신이 하는 일을 잘 해내고 인정받고 싶어 합니다. 약간의 노력으로도 쉽고 빨리 성과를 얻고 싶어 하죠. 당연합니다. 하지만 조급하게 성과를 내려 하거나 과도한 경쟁심으로 불안해지면 공부에 집중하기 어렵습니다.

대표적인 예로 수학에 대한 극도의 부정적 정서 반응인 수학 불안을 들 수 있습니다.[19] 기존의 연구 결과를 종합한 최근 메타 연구 결과에 따르면 수학 불안 수준이 높을수록 공부 효과가 낮다고 합니다.[20] 한국에서도 수포자, 즉 수학을 포기한 학생들 문제가 자주 거론되죠. 미국에서도 수학 교육을 놓고 말들이 많습니다. 수학 불안은 미국 초·중등생의 경우 6명 중 1명 꼴로 나타날 만큼 흔합니다. 원인은 타고난 기질이나 고정 관념 등으로 다양합니다. 불안 수준에 따라 적절한 도움이 필요하겠지만 일반적인 수준에서는 조바심을 내려놓고 장기적인 관점을 취하기 위해 노력해볼 수 있습니다. 천천히 가더라도 꾸준히 가는 사람이 마지막까지 남습니다.

여러분에게 소개하고 싶은 아주 흥미로운 연구가 있습니다. 어려서부터 한 분야에 집중한 운동 선수들과 여러 운동을 하다가 비교적 늦게 한 분야에 집중하기 시작한 운동 선수들의 수행 능력을 비교한 연구죠. 특정 분야에서 빨리 두각을 나타낸 선수에 비해 여러 분야의 운동 경험을 가지고 늦게 빛을 본 선수들이 더 뛰어난 성과를 보여주었다고 합니다.[21]

이러한 경향은 과학 분야의 독일 출신 노벨상 수상자들에게서도 발견할 수 있습니다. 이들은 독일의 미래 유망주에게 주는 국내 상은 물론 장학금도 받지 못했으며 교수직도 비교적 늦은 나이에 얻었습니다. 하지만 결국 노벨상은 승승장구하는 연구자들이 아니라 이것저것 시도해보고 때로는 실패하며 내공을 쌓아온 이들의 것이었죠. 이는 빨리 성공하는 것보다 여러 경험을 통해 성장하는 것이 더 중요하다는 사실을 시사합니다. 만 번의 실패 끝에 전구를 발명한 에디슨은 "나는 실패한 것이 아니다. 효과가 없는 만 가지 방법을 발견한 것뿐이다"라고 말했다고 하지 않습니까? 이 말에는 결코 포기하지 않겠다는 의지가 담겨 있습니다. 실패를 통해 아무것도 배우지 않는 게 진짜 실패입니다. 그러니 실패를 두려워하지 마세요.

제품 개발 분야에서도 실패를 적극적으로 활용합니다. 이를 애자일 방법론이라고 하죠. 애자일agile이란 민첩하다는 의미의 영어 단어입니다. 프로젝트를 진행할 때 기획에서 출시까지 단계별로 꼼꼼하게 진행하지 않고, 일단 시도해본 다음 즉각적인 결과나 피드백을 반영하면서 완성도를 높이는 전략입니다.[22]

공부할 때는 언제 어디서나 어려운 개념, 잘 풀리지 않는 문제를 마주할 수 있다는 사실을 받아들이세요. 그런 상황에서 주저하지 말고 부딪쳐보세요. 처음부터 잘하지 않아도 괜찮습니다. 우리는 모두 배우는 과정에 있는 사람들입니다. 시청각 중복장애인 최초로 학사 학위를 받은 헬렌 켈러Hellen Keller의 스승, 앤 설리번Anne Sullivan의 말을 들어보죠. "시작하고 실패하기를 계속하라. 실패할 때마다 다시 시작하면 목적을 이룰 때까지 강해질 것이다."[23]

이번 시간에는 공부에 도움이 되는 여러 자원을 활용해 공부 환경을 조성하는 방법과 태도를 이야기해보았습니다. "하늘은 스스로 돕는 자를 돕는다"라는 말이 있죠. 어떤 일이든 스스로 노력할 줄 아는 사람이 성공한다는 뜻입니다. 여러분은 환경의 지배를 받는 사람으로 남아 있을 건가요? 아니면 환경을 만들어나가는 사람이 될 건가요? 선택은 여러분의 몫입니다.

종강

# 공부하는 여러분에게
# 우리의 미래가 달려 있습니다

✳

이제 강의를 마무리할 시간입니다. 여기까지 함께해온 분들이라면 '공부를 왜 해야 하는가?'라는 질문에 저마다의 답변을 가지고 있을 거라 생각합니다. 인간이 공부를 하는 이유는 지식을 활용하여, 자신의 강점이나 한계를 더 잘 이해하고 이를 바탕으로 스스로를 위해 더 좋은 선택을 하거나 당면한 문제를 해결하기 위해서입니다. 학창 시절의 공부는 사회에 나가 수많은 문제를 해결하게 될 예비 사회인으로서의 지적 훈련이기도 합니다. 선택을 통해 이루고자 하는 목표에는 경제적 안정도 있을 것입니다. 그런데 이에 못지않게 중요한 것은 자신이 원하는 삶을 만들어가는 것입니다. 우리 각자가 이상적으로 생각하는 삶을 추구하는 거죠. 물론 자유로운 선택에는 그에 따른 책임도 수반됩니다. 이 모든 과정을 통해 우리는 우리만의 고유한 삶을 살게 됩니다. 이처럼 스스로 생각하는 나다운 나를 만들어가는 것이 공부의 중요한 목적이자 즐거움입니다.

# 나를 찾아가는 여정

나를 아는 것의 중요성은 다산 정약용도 강조했습니다. 그가 남긴 수필, 「수오재기」의 일부를 한번 같이 읽어볼까요?

"대체로 천하의 만물이란 모두 지킬 것이 없고, 오직 나[吾]만은 지켜야 하는 것이다. 내 밭을 지고 도망갈 자가 있는가. 밭은 지킬 것이 없다. 내 집을 지고 달아날 자가 있는가. 집은 지킬 것이 없다. … 그런즉 천하의 만물은 모두 지킬 것이 없다. 유독 이른바 나[吾]라는 것은 그 성품이 달아나기를 잘하여 드나듦에 일정한 법칙이 없다. 아주 친밀하게 붙어 있어서 서로 배반하지 못할 것 같으나 잠시라도 살피지 않으면, 어느 곳이든 가지 않는 곳이 없다. 이익으로 유도하면 떠나가고, 위험과 재화가 겁을 주어도 떠나가며, 심금을 울리는 고운 음악 소리만 들어도 떠나가고, 새까만 눈썹에 흰 이빨을 한 미인의 요염한 모습만 보아도 떠나간다. 그런데, 한 번 가면 돌아올 줄을 몰라 붙잡아 만류할 수 없다. 그러므로 천하에서 가장 잃어버리기 쉬운 것이 나[吾] 같은 것이 없다. 어찌 실과 끈으로 매고 빗장과 자물쇠로 잠가서 굳게 지켜야 하지 않겠는가."[1]

수오재기守吾齋記는 '나를 지키는 집에 대한 이야기'라는 뜻입니다. '나'에게서 '나'가 자꾸 달아나는 것을 막기 위해 나를 묶어두고 가두겠다고 말하는 표현이 재미있기도 하고 또 안타깝기도 하죠.

오늘날 우리는 입시와 취업에, 끊임없이 자신을 증명해야 하는 시험대 위에 서 있느라 자신을 잃어버리기 쉽습니다. 너무 지친 나머지 현실에 안주하고, 더 이상 깊게 생각하지 않는 것을 넘어 생각하기조차 싫어하는 사람도 많아졌죠. 하지만 생각하지 않으면 진정한 자신과 점점 더 멀어질 뿐입니다. 자신 앞에 놓인 문제와 씨름하지 않으면서 의미 있는 삶을 살기 어렵습니다.

7강에서 다룬 수행접근목표와 수행회피목표를 기억하나요? 전자는 유능한 사람이 되고자 하는 의지이며 후자는 무능한 사람처럼 보이고 싶지 않은 마음이죠. 비슷한 맥락에서 인간의 성향을 안전 지향 대 성장 지향으로 나눌 수 있습니다. 안전을 지향하는 사람들은 말 그대로 안전을 최우선으로 두며 실수하지 않으려고 노력합니다. 반면 성장을 지향하는 사람들은 도전에 따르는 위험을 받아들이고 문제에 정면으로 맞섭니다.

국제 간 비교 연구 결과에 따르면, 집단주의적 특성이 강한 아시아에서는 다른 문화권에 비해 안전 지향적인 사람의 비율이 더 높다고 합니다.[2] 안전 지향적인 사람은 이상적 자아보다는 의무적 자아를 추구하는 경향이 있습니다. 부모는 자녀가 경제적으로 안정적인 삶을 누리길 바라고, 아이들은 그 기대에 부응하기 위해 진짜 하고 싶은 일을 찾지 못한 채 학창 시절을 보냅니다. 한창 일할 나이의 청년들이 공무원 시험이나 입사 시험용 지식을 위해 머리를 싸매고 암기에 몰두합니다.

그렇게 해서 입사한 회사에서는 상사나 동료의 눈에 최대한 띄지 않기 위해 침묵을 지키면서 집단의 분위기에 동조합니다. 불합리한 조직 운영에도 불만을 표하지 않고, 먼저 나서서 변화를 주도하려 하지 않습니다. 그래서 반대의 목소리를 발판으로 더 합리적인 방안을 찾는 민주적인 문화가 뿌리를 내리지 못하죠. 조직 내의 이런 문제는 곧 사회 발전의 걸림돌이 됩니다.

다수 혹은 군중의 의견 뒤로 숨으면 쉽고, 안전하고 편안합니다. 그러나 자신이 원하는 이상적 자아와는 점차 멀어집니다. '이게 아닌데'라고 느끼면서도, 당장 자신에게 요구되는 삶에만 충실하게 됩니다. 그래서 사람들의 마음속에는 의무적인 자아에 대한 후회(28%)보다 이상적인 자아에 대한 후회(72%)가 훨씬 많습니다.[3]

그렇다면 우리는 어떤 삶의 태도를 지녀야 할까요? 한 가지 흥미로운 답을 경제학 연구에서 찾을 수 있습니다. 네덜란드의 경제학자 스테파니아 이노첸티Stefania Innocenti와 로빈 코반Robin

Cowan은 자기효능감이 모방 행위에 미치는 영향에 대해 탐구했습니다. 그 결과 자기효능감이 높을수록 다른 사람의 선택을 따라할 가능성이 줄어든다는 사실을 발견했습니다. 양적인 수치로 표현하자면, 자기효능감 점수가 1% 높아지면 타인의 행동을 모방할 확률이 무려 3%나 낮아집니다.[4] 이 연구가 우리 삶에 주는 시사점은 분명합니다. 어떤 분야에 대해 잘 몰라 불안하면 누군가의 선택을 맹목적으로 받아들이기 쉽습니다. 나만의 생각과 목소리를 가지기 위해서는 자기효능감을 높여야 합니다.

이를 위해서는 자신의 현 수준을 잘 파악하여 적절하게 어려운 정도의 내용이나 문제에서 공부를 시작하는 게 좋습니다. 필요하면 더 쉬운 단계부터 실력을 쌓아야 합니다. 처음에는 해결하기 쉬운 문제에 먼저 도전해 성공 확률을 높이고 점차 수준을 높여가세요. 너무 서두르면 오히려 역효과가 나는 만큼 천천히 난도를 높여야 합니다.

## 나, 그리고 우리

아프리카 속담 중에 "빨리 가려면 혼자 가고, 멀리 가려면 함께 가라"는 말이 있습니다. 기술의 발전 속도가 날로 빨라지는 상황에서 우리에게 필요한 것은 먼 곳을 내다보고 오랫동안 달릴 수 있는 능력입니다. 인간은 사회적 존재입니다. 공부 또한 동료와 함께 할 때 더 잘할 수 있습니다. 지적 탐구 과정을 싸움에 비유한다면 자기만 옳다고 믿는 독불장군보다, 연합군이 더 유리합니다.

하지만 안타깝게도 한국 학생들은 협력보다 경쟁을 훨씬 더 강조하는 분위기 속에서 지내왔습니다. 한국에서 초·중·고를 거쳐 대학에 진학한 학생들이 경험한 치열한 입시 전쟁은 가혹할 정도입니다. 한국, 일본, 미국의 대학생들에게 자국 고등학교가 '함께하는 광장', '거래하는 시장', '사활을 건 전장' 중 어떤 이미지에 가까운지 물었습니다. '함께하는 광장'은 공동체 의식을 기르는 곳으로서의 학교, '거래하는 시장'은 교육 서비스의 거래가 이루어지는 곳으로서의 학교, '사활을 건 전장'은 입시 경쟁이 활발한 곳으로서의 학교를 의미합니다. 놀랍게도 한국 대학생 중 81%가 고등학교를 '사활을 건 전장'으로 인식하고 있었습니다. 같은 생각을 가지고 있는 일본 대학생이 14%라는 점을 고려하면 굉장히 높은 수치죠.[5] 한국 학생들에게 학교는 전쟁터고, 친구는 적군이며, 대학은 생존의 문제가 됩니다.

그렇다면 학교 밖 사회는 어떨까요? 투자 회사인 레가툼 Legatum 연구소에서 발행하는 「2023 국가별 번영지수」에 따르면, 한국은 사회적 자본이 부족한 상태입니다. 사회적 자본에는 제도에 대한 신뢰, 개인 간 신뢰, 친밀한 사람과의 관계, 국정에 대한 시민 참여가 포함되는데, 이 모든 하위 척도에서 OECD 상위 5개국 평균에 비해 점수가 낮았습니다.[6] 학창 시절 내내 남들보다 앞서나가기를 요구받는 환경에서 살아왔으니 어쩌면 당연한 결과죠.

앞으로 지적 활동의 상당 부분을 인공지능에게 맡기게 된다면 이제 정보·지식 경쟁은 무의미합니다. 우리는 같은 수업을 듣는 친구와 학교를, 주변의 타인과 사회를 새로운 관점에서 바라보아야 합니다. 그 방향은 미국 MIT의 사회물리학자 알렉스 펜틀런드Alex Pentland의 말에서 찾을 수 있습니다.

가장 똑똑한 사람은 최고의 아이디어를 가진 사람이 아니다. 다른 사람들의 다양한 아이디어를 가장 효과적으로 수확하는 사람이야말로 가장 똑똑한 사람이다. 변화를 주도하는 사람은 가장 확신이 강한 사람이 아니다. 생각이 비슷한 사람들과 활발하게 교류를 맺고 유지하는 사람이 변화를 이끌어가는 사람이다. 그리고 사람들을 움직이는 가장 강력한 원동력은 돈이나 특권이 아니다. 그것은 동료들로부터의 존경과 도움이다.[7]

종강

이제 더 이상 똑똑한 천재 한두 명의 능력으로 변화를 만들어내기는 어렵습니다. 사회 구성원이 모두 함께 논의에 참여하며 다양한 아이디어를 모으고 통합해야 더 나은 방향으로 나아갈 수 있습니다. 제대로 공부하기 위해서도 비판, 평가, 실패를 경험하고 극복하는 과정이 필요하죠. 이 또한 서로를 존중하고 도우려는 사람들과 함께할 때 가능한 일입니다. 그러므로 여러분이 어떤 문제에 관심이 생기면 그 문제와 관련된 공부를 하는 한편, 연대하며 함께 공부할 사람들도 찾아보기 바랍니다. 만나는 사람들과 다양한 이야기를 하면서 그들의 관심사를 알아보고, 어떻게 연대할 수 있는지 생각해봤으면 합니다. 우리 사회에 이런 사람들이 많아져 서로 협력하는 사회 분위기가 조성되기를 기대해봅니다. 가장 '나'다운 개인들이 모여서 새로운 '우리'가 되어가는 일에 미래가 달려 있다고 해도 과언이 아닙니다.

오리엔테이션 시간에 제가 했던 이야기를 기억하나요?

다른 사람의 생각을 이해하고 자신만의 생각을 발전시키는 과정에서 우리는 고유성을 지닐 수 있습니다. 공부에는 '나'가 '나'일 수 있게 하는 힘이 있습니다. … 서로 싸우는 대신, 사회의 수많은 문제에 대해 의미 있는 해결책을 찾기 위해서는 힘을 모아야 합니다. 자신과 비슷한 생각을 가진 사람부터 정반대의 생각을 가진 사람들까지 보듬고 이해하며 사회적 논의를 이어가야 합니다.

이 모든 과정이 공부입니다. 교육은 지식 전달 과정이 아닙니다. 학생들이 고유한 자신이 될 수 있도록 돕고, 또 서로 힘을 합해 더 행복한 미래를 꿈꿀 수 있게 돕는 일입니다.

과거부터 많은 전문가들이 사회의 문제점을 '양극화'라고 이야기해왔지만, 오늘날만큼 양극화 문제가 심한 적은 없었습니다. 시간이 지날수록 서로 다른 배경을 가진 사람들이 더 멀어지고, 사회가 폐쇄적으로 변해가고 있다는 겁니다. 이런 사회에서 차이는 곧 다툼이 되고, 다툼은 곧 폭력이 되고, 폭력은 곧 차별이 됩니다. 하지만 생각해보세요. 크게는 피부색, 종교, 언어, 정치 성향 등에서, 작게는 일상적인 생각에서도 차이는 나타날 수밖에 없습니다. 심지어 가장 가깝고 좋아하는 사람과도 의견 차이로 다투곤 하죠. 전 세계 80억 인구 모두가 같은 생각을 가지고 있는 게 더 이상하지 않은가요? 서로 다른 사람들 간의 의견 차이는 매우 자연스러운 현상입니다. 오히려 개인차는 상대방을 더 잘 이해하는 기회가 될 수도 있죠. 여유로운 마음으로 서로를 보듬고, 차이를 나누는 과정에서 더 좋은 해결책을 찾도록 노력하는 태도를 가져보세요. 우리가 해야 할 일은 문제를 만드는 것이 아니라 해결하는 것입니다.

✴

기술이 아무리 발달해도 어떤 문제가 왜 중요한지, 그 문제를 해결하려면 어떤 정보가 필요한지를 판별하고 선택하는 것은 결국 인간의 몫입니다. 여러분이 의미 있는 문제를 찾고, 그 문제와 씨름하는 과정에서 인류와 사회의 중요한 가치를 지켜내고, 동료와 영감을 주고받으며 아주 멀리 나아갈 수 있기를 바랍니다. 혼자가 아니라 교류를, 경쟁과 함께 연대를, 최고가 아닌 최선을 추구하며 성장을 맛보기 바랍니다. 우리가 노력하는 한 미래 사회에서도 우리는 '나'다운 '나'이자 '우리'다운 '우리'로서 가장 만족스러운 삶을 살 수 있을 것입니다. 이것이 교육과 공부의 목표이자 우리 삶이 나아가야 할 방향 아닐까요? 오늘도 나를 위해, 우리를 위해 노력하는 모든 분들께 응원의 말씀을 전합니다.

# 마무리 질문 목록

아래는 각 강의에서 핵심적으로 다룬 내용들을 질문으로 모아 둔 것입니다. 여러분이 주저 없이 긍정적으로 답변할 수 있기를 바랍니다. 만일 그렇지 않다면, 필요한 부분을 찾아 다시 읽어 보세요. 변화를 위해 구체적으로 무엇을 할 수 있고, 해야 할지 고민해보세요. 이 모든 활동을 꾸준히 해야 성과로 이어집니다.

### 오리엔테이션

☑ 공부를 통해 어떤 문제를 해결하고 싶나요?

### 1강

☑ 이전보다 더 자기주도적으로, 능동적으로 공부하나요?

☑ 배운 내용을 개념도로 나타내거나 글로 정리할 수 있나요?

☑ 자신이 생각한 내용을 다른 사람과 더 많이 나누게 되었나요?

☑ 구체적인 문제를 찾아내고 해결하기 위해 씨름해봤나요?

☑ 지적 관심사가 비슷한 사람들과 더 어울리려고 노력하게 되었나요?

## 2강

☑ 가짜 공부법이 무엇인지 판별할 수 있고 더 이상 과장 광고에 귀를 기울이지 않게 되었나요?

## 3강

☑ 효과적인 것으로 확인된 얕은 공부법 중 기억나는 것은 무엇인가요? 그중 실제로 여러분이 공부할 때 적용하는 방법은 무엇인가요?

☑ 깊이 있는 공부를 하기 위해 과감한 행동을 더 잘하게 되었나요? 무모해 보이더라도 질문하고, 의심하고, 비판하고, 추측하고, 새로운 주장을 펼치려고 노력하나요?

☑ 글을 읽고 나서 얼마나 집중하며 읽었는지, 내용을 얼마나 잘 이해했는지를 더 잘 판단하게 되었나요? 시험 보기 전 그리고 시험 직후, 예측한 점수가 더 정확해졌나요? 다른 사람의 글이 얼마나 잘 쓴 글인지에 대한 판단도 다른 사람들과 일치하고 있나요?

## 4강

☑ 여러 읽기 방법을 적절히 활용하며 읽나요?

☑ 독해 점검을 위해 인지적·메타인지적 질문을 더 많이 던지게 되었나요?

☑ 이해한 내용을 글로 정리하고 반성적으로 검토하나요?

## 5강

☑ 전보다 질문을 더 많이 던지게 되었나요? 질문을 던지고 싶은데 어떻게 던져야 할지 모를 때에는 150쪽의 질문 생성 가이드를 이용하여 질문을 만들어보기도 하나요?

☑ 여러분이 던진 질문에 대한 다른 사람의 답변에 이어 또 다른 질문이 꼬리에 꼬리를 물고 이어지나요?

☑ 다른 사람의 주장이나 의견에 이견을 제시하나요? 틀린 이견을 제시하는 것도 큰 의미가 있다는 결과를 기억하나요?

☑ 때로는 의도적이고 규칙적으로 비판 활동을 시도하기도 하나요?

## 6강

☑ 기분이나 생각을 명료하게 하기 위해 글을 쓸 때가 있나요?

☑ 목적에 따라 적절한 방식으로 글을 쓰게 되었나요?

☑ 학술적 글의 형식에 익숙해지고 있나요?

## 7강

☑ 여러 공부 자원 중 여러분의 강점은 무엇인가요? 부족한 부분 중 여러분이 바꿀 수 있는 부분은 무엇인가요?

☑ 시간 단위로 공부 계획을 짜고, 그 과정을 기록하면서, 공부 시간을 점차 늘려가고 있나요?

☑ 공부에 집중하기 어려운 상황에 적절하게 대처할 수 있나요?

☑ 실패에 더 관대해지고, 어려운 문제에 대해 이전보다 더 끈질기게 매달리게 되었나요?

## 종강

☑ 이전보다 더 '나'다운 '나'를 만들어가고 있나요?

☑ 차이에 대해 더 관대해지고, 다른 사람을 이해하려고 노력하나요?

☑ 지적으로 교류하는 친구들이 많아지고 있나요?

# 본문의 주

## 오리엔테이션

1   Bacon, F. (2001). *The essays* (p. 176). Mozambook. (Original work published 1597).

## 1강

1   Caplan, B. (2018). *The case against education: Why the education system is a waste of time and money.* Princeton University Press.

2   Arum, R., & Roksa, J. (2011). *Academically adrift: Limited learning on college campuses.* University of Chicago Press.

3   Ding, L., Wei, X., & Mollohan, K. (2016). Does higher education improve student scientific reasoning skills? *International Journal of Science and Mathematics Education, 14,* 619–634. https://doi.org/10.1007/s10763-014-9597-y

4   Fadel, C., Trilling, B., & Bialik, M. (2015). *Four-dimensional education: The competencies learners need to succeed* (p. 4). Center for Curriculum Redesign.

5   Fullan, M. (2023, January 9). *Why We Can't Escape the Status Quo in Education.* EducationWeek. https://www.edweek.org/leadership/opinion-why-we-cant-escape-the-status-quo-in-education/2023/01

6   Katzman, J., Regan, M., & Bader-Natal, A. (2017). The active learning forum. In S. Kosslyn & B. Nelson (Eds.), *Building the intentional university: Minerva and the future of higher education* (pp. 203–220). MIT Press.

7   https://42.fr/en/homepage/

8   Rogers, C. (1983). *Freedom of Learning for the 80's* (p. 34). C. E. Merrill
    Pub. Co.

9   Bonawitz, E., Shafto, P., Gweon, H., Goodman, N. D., Spelke, E., &
    Schulz, L. (2011). The double-edged sword of pedagogy: Instruction
    limits spontaneous exploration and discovery. *Cognition, 120*(3),
    322–330. https://doi.org/10.1016/j.cognition.2010.10.001

10  Chi, M. T. H. (2009). Active-constructive-interactive: A conceptual
    framework for differentiating learning activities. *Topics in Cognitive
    Science, 1*(1), 73–105. https://doi.org/10.1111/j.1756-8765.2008.01016.x;
    Chi, M. T. H., & Wylie, R. (2014). The ICAP framework: Linking cognitive
    engagement to active learning outcomes. *Educational Psychologist,
    49*(4), 219–243. https://doi.org/10.1080/00461520.2014.925202

11  Agarwal, P. K. (2019). Do students need fact knowledge before higher
    order learning? *Journal of Educational Psychology, 111*(2), 189–209.
    https://doi.org/10.1037/edu0000282; Ding, L., Wei, X., & Mollohan, K.
    (2016). Does higher education improve student scientific reasoning
    skills? *International Journal of Science and Mathematics Education, 14*,
    619–634. https://doi.org/10.1007/s10763-014-9597-y

12  Walker, A., Leary, H., Hmelo-Silver, C., & Ertmer, P. (2015). *Essential
    readings in problem-based learning*. Purdue University Press; Moallem,
    M., Hung, W., & Dabbagh, N. (2019). *The Wiley handbook of problem-
    based learning*. John Wiley and Sons.

13  Boaler, J. (2022). *Mathematical Mindsets: Unleashing Students'
    Potential through Creative Mathematics, Encouraging Messages, and
    Innovative Teaching*. Jossey-Bass.

14  Whitehead, A. N. (1929). *The aims of education* (p. 4). MacMillan.

15  Whitehead, A. N. (1929). *The aims of education* (p. 2). MacMillan.

16  Sawyer, R. K. (2022). An introduction to the learning sciences.
    In R. K. Sawyer (Ed.), *Cambridge handbook of learning sciences*
    (3rd ed., pp. 1-15). Cambridge University Press. https://doi.o
    rg/10.1017/9781108888295.002 (p.5, Table 1.1).


**2강**

1   VanLehn, K. (1988). Toward a theory of impasse-driven
    learning. In H. Mandl & A. Lesgold (Eds.), *Learning issues for
    intelligent tutoring systems* (pp. 19-41). Springer. https://doi.o
    rg/10.1007/978-1-4684-6350-7_2

2   SanGiovanni, J., Katt, S., & Dykema, K. (2020). *Productive math
    struggle: A 6-point action plan for fostering perseverance.* Corwin.

3   Nottingham, J. (2017). *The learning challenge: How to guide your
    students through the learning pit to achieve deeper understanding.*
    Corwin.

4   Giacino, J. T., Ashwal, S., Childs, N., Cranford, R., Jennett, B., &
    Katz, D. I. (2002). The minimally conscious state: Definition and
    diagnostic criteria. *Neurology, 58*(3), 349-353. https://doi.org/10.1212/
    WNL.58.3.34

5   대표적으로 다음의 웹사이트가 있다.
    www.cogmed.com; www.cognifit.com; www.lumosity.com

6   위의 사이트를 참고하라.

7   Sharp, B. (2017). *Brain training for dementia: Exercises for preventing
    cognitive decline and dementia* (Vol. 14). CreateSpace Independent
    Publishing Platform.

8    Chan, A. T. C., Ip, R. T. F., Tran, J. Y. S., Chan, J. Y. C., & Tsoi, K. K. F. (2024). Computerized cognitive training for memory functions in mild cognitive impairment or dementia: A systematic review and metaanalysis. *NPJ digital medicine, 7*(1), 1. https://doi.org/10.1038/s41746-023-00987-5

9    Gobet, F., & Sala, G. (2023). Cognitive training: A field in search of a phenomenon. *Perspectives on Psychological Science, 18*(1), 125-141. https://doi.org/10.1177/17456916221091830

10   Gobet, F., & Sala, G. (2023). Cognitive training: A field in search of a phenomenon. *Perspectives on Psychological Science, 18*(1), 125-141. https://doi.org/10.1177/17456916221091830

11   Rayner, K., Schotter, E. R., Masson, M. E. J., Potter, M. C., & Treiman, R. (2016). So much to read, so little time: How do we read, and can speed reading help? *Psychological Science in the Public Interest, 17*(1), 4-34. https://doi.org/10.1177/1529100615623267

12   Shaw, J. (2017). *The Memroy Illusion*. Random House UK.

13   Holender, D. (1986). Semantic activation without conscious identification in dichotic listening, parafoveal vision, and visual masking: A survey and appraisal. *Behavioral & Brain Sciences, 9*, 1–23; Holender, D., & Duscherer, K. (2004). Unconscious perception: The need for a paradigm shift. *Perception & Psychophysics, 66*, 872–881. https://doi.org/10.3758/BF03194980

14   Ruch, S., & Henke, K. (2020). Learning during sleep: A dream comes true? *Trends in Cognitive Sciences, 24*(3), 170-172. https://doi.org/10.1016/j.tics.2019.12.007

15   Ruch, S., Zust, M. A., & Henke, K. (2022). Sleep-learning impairs subsequent awake-learning. *Neurobiology of Learning and Memory, 187*, 107569. https://doi.org/10.1016/j.nlm.2021.107569

16   Alhola, P., & Polo-Kantola, P. (2007). Sleep deprivation: Impact on cognitive performance. *Neuropsychiatric Disease and Treatment, 3*(5), 553-567; Csipo, T., Lipecz, A., Owens, C., Mukli, P., Perry, J. W., Tarantini, S., Balasubramanian, P., Nyúl-Tóth, Á., Yabluchanska, V., Sorond, F. A., Kellawan, J. M., Purebl, G., Sonntag, W. E., Csiszar, A., Ungvari, Z., & Yabluchanskiy, A. (2021). Sleep deprivation impairs cognitive performance, alters task-associated cerebral blood flow and decreases cortical neurovascular coupling-related hemodynamic responses. *Scientific Reports, 11*(1), 20994. https://doi.org/10.103 8/s41598-021-00188-8; Suardiaz-Muro, M., Ortega-Moreno, M., Morante-Ruiz, M., Monroy, M., Ruiz, M. A., Martín-Plasencia, P., & Vela-Bueno, A. (2023). Sleep quality and sleep deprivation: Relationship with academic performance in university students during examination period. *Sleep and Biological Rhythms, 21*(3), 377-383. https://doi.org/1 0.1007/s41105-023-00457-1

17   황농문. (2007). 몰입. RHK.

18   Killingsworth, M. A., & Gilbert, D. T. (2010). A wandering mind is an unhappy mind. *Science, 330*(6006), 932. https://doi.org/10.1126/ science.1192439

19   Park, J. A., Song, M. H., Lim, J., & Park, J. (2022). Two faces of grit–perseverance: Is it always good to exert grit? *Journal of Cognitive Psychology, 34*(8), 1063–1074. https://doi.o rg/10.1080/20445911.2022.2094935

20   Coffield, F., Moseley, D., Hall, E., & Ecclestone, K. (2004). *Learning styles and pedagogy in post-16 learning: A systematic and critical review.* Learning and Skills Research Centre.

21   Coffield, F., Moseley, D., Hall, E., & Ecclestone, K. (2004). *Learning styles and pedagogy in post-16 learning: A systematic and critical review.* Learning and Skills Research Centre.

22  Coffield, F., Moseley, D., Hall, E., & Ecclestone, K. (2004). *Learning styles and pedagogy in post-16 learning: A systematic and critical review*. Learning and Skills Research Centre.

23  Coffield, F., Moseley, D., Hall, E., & Ecclestone, K. (2004). *Learning styles and pedagogy in post-16 learning: A systematic and critical review*. Learning and Skills Research Centre.

24  Pashler, H., McDaniel, M., Rohrer, D., & Bjork, R. (2007). Learning styles: Concepts and evidence. *Psychological Science in the Public Interest, 9*(3), 105-119; Kirschner, P. A. (2017). Stop propagating the learning styles myth. *Computers & Education, 106*, 166-171. https://doi.org/10.1016/j.compedu.2016.12.006

25  Pennington, N., & Hastie, R. (1992). Explaining the evidence: Tests of the story model for juror decision making. *Journal of Personality and Social Psychology, 62*(2), 189–206. https://doi.org/10.1037/0022-3514.62.2.189

26  Johnson, S., Bilovich, A., & Tuckett, D. (2023). Conviction narrative theory: A theory of choice under radical uncertainty. *Behavioral and Brain Sciences, 46*, e82: 1–74. https://doi.org/10.1017/S0140525X22001157

27  Rohrer, D. (2012). Interleaving helps students distinguish among similar concepts. *Educational Psychology Review, 24*(3), 355–367. https://doi.org/10.1007/s10648-012-9201-3

28  Bahrick, H. P. (1984). Semantic memory content in permastore: Fifty years of memory for Spanish learned in school. *Journal of Experimental Psychology: General, 113*(1), 1–29. https://doi.org/10.1037/0096-3445.113.1.1

29  Carpenter, S. K., Wilford, M. M., Kornell, N., & Mullaney, K. M. (2013). Appearances can be deceiving: Instructor fluency

increases perceptions of learning without increasing actual learning. *Psychonomic Bulletin & Review, 20*(6), 1350–1356. https://doi.org/10.3758/s13423-013-0442-z; Carpenter, S. K., Northern, P. E., Tauber, S. "U.", & Toftness, A. R. (2020). Effects of lecture fluency and instructor experience on students' judgments of learning, test scores, and evaluations of instructors. *Journal of Experimental Psychology: Applied, 26*(1), 26–39. https://doi.org/10.1037/xap0000234

30  Kardas, M., & O'Brien, E. (2018). Easier seen than done: Merely watching others perform can foster an illusion of skill acquisition. *Psychological Science, 29*(4), 521–536. https://doi.org/10.1177/0956797617740646

31  Deslauriers, L., McCarty, L. S., Miller, K., & Kestin, G. (2019). Measuring actual learning versus feeling of learning in response to being actively engaged in the classroom. *Proceedings of the National Academy of Sciences, 116*(39), 19251–19257. https://doi.org/10.1073/pnas.1821936116

32  https://neurotorium.org/tool/brain-atlas/

33  Yeung, K. L., Carpenter, S. K., & Corral, D. (2021). A comprehensive review of educational technology on objective learning outcomes in academic contexts. *Educational Psychology Review, 33*(4), 1583–1630. https://doi.org/10.1007/s10648-020-09592-4

34  최준열, 박주용. (2012). 학습만화는 글보다 기억을 향상시키는가?. *교육심리연구, 26*(1), 307–325.

35  Dewey, J. (1922). Education as politics. In *The middle works of John Dewey, 1899–1924* (Vol. 13): Essays on philosophy, education, and the Orient (pp. 329–336). Southern Illinois University Press. (p. 329).

## 3강

1   Graesser, A. (2020). Learning science principles and technologies
    with agents that promote deep learning. In R. Feldman (Ed.), *Learning
    science: Theory, research, and practice* (pp. 2–33). McGraw-Hill;
    Millis, K. K., Long, D., Magliano, J., & Wiemer, K. (Eds.). (2018). *Deep
    comprehension: Multi-disciplinary approaches to understanding,
    enhancing, and measuring comprehension*. Routledge.

2   Pashler, H., Bain, P. M., Bottge, B. A., Graesser, A., Koedinger, K.,
    McDaniel, M., & Metcalfe, J. (2007). *Organizing instruction and study
    to improve student learning*. National Center for Education Research.
    https://files.eric.ed.gov/fulltext/ED498555.pdf

3   새로운 개념을 가르칠 때 일반적이고 추상적인 차원에서 원리를 설명하는 것,
    구체적인 예시를 가르치는 것 중 어떤 방법이 더 효과적인지 학자마다 의견이 다르다.
    다음의 연구들이 논란의 양쪽 입장을 대표한다.
    Kaminski, J. A., Sloutsky, V. M., & Heckler, A. F. (2008). The advantage
    of abstract examples in learning math. *Science, 320*, 454–455; De
    Bock, D., Deprez, J., Van Dooren, W., Roelens, M., & Verschael, L. (2011).
    Abstract or concrete examples in learning mathematics? A replication
    and elaboration of Kaminski, Sloutsky, and Heckler's study. *Journal
    for Research in Mathematics Education, 42*(2), 109–126; Trninic,
    D., Kapur, M., & Sinha, T. (2020). The disappearing "advantage of
    abstract examples in learning math." *Cognitive Science, 44*(7). https://
    doi.org/10.1111/cogs.12851

4   Kornell, N., & Bjork, R. (2007). The promise and perils of self-
    regulated study. *Psychonomic Bulletin & Review, 14*, 219–224. https://
    doi.org/10.3758/bf03194055; Hartwig, M. K., & Dunlosky, J. (2012).
    Study strategies of college students: Are self-testing and scheduling
    related to achievement? *Psychonomic Bulletin & Review, 19*, 126–134.
    https://doi.org/10.3758/s13423-011-0181-y

5   Morehead, K., Rhodes, M. G., & DeLozier, S. (2016). Instructor and

student knowledge of study strategies. *Memory, 24*(2), 257–271. https://doi.org/10.1080/09658211.2014.1001992; Halamish, V. (2018). Pre-service and inservice teachers' metacognitive knowledge of learning strategies. *Frontiers in Psychology, 9*, 2152. https://doi.org/10.3389/fpsyg.2018.02152

6   Lemke, J. L. (1998). Multiplying meaning: Visual and verbal semiotics in scientific text. In J. R. Martin & R. Veel (Eds.), *Reading science* (pp. 87–113). Routledge; Roth, W.-M., Bowen, G. M., & McGinn, M. K. (1999). Differences in graph-related practices between high school biology textbooks and scientific ecology journals. *Journal of Research in Science Teaching, 36*, 977–1019. https://doi.org/10.1002/(SICI)1098-2736(199911)36:9<977::AID-TEA3>3.0.CO;2-V

7   Mayer, R. E. (2020). *Multimedia learning* (3rd ed.). Cambridge University Press.

8   질병관리청 국가건강정보포털. (2021). 정상혈액순환 [Video]. https://health.kdca.go.kr/healthinfo/biz/health/ntcnlnfo/mediaRecsroom/mvpRecsroom/mvpRecsroomView.do

9   Roth, W. -M., & Bowen, G. M. (2003). When are graphs worth ten thousand words? An expert-expert study. *Cognition and Instruction, 21*(4), 429–473. https://doi.org/10.1207/s1532690xci2104_3

10  Karpicke, J. D., & Blunt, J. R. (2011). Retrieval practice produces more learning than elaborate studying with concept mapping. *Science, 331*(6018), 772–775. https://doi.org/10.1126/science.1199327

11  Endres, T., & Renkl, A. (2015). Mechanisms behind the testing effect: An empirical investigation of retrieval practice in meaningful learning. *Frontiers in Psychology, 6*, 1054. https://doi.org/10.3389/fpsyg.2015.01054

12  Fiorella, L. (2023). Learning by teaching. In C. E. Overson, C. M. Hakala,

L. L. Kordonowy, & V. A. Benassi (Eds.), *In their own words: What scholars and teachers want you to know about why and how to apply the science of learning in your academic setting* (pp. 158–170). Society for the Teaching of Psychology.

13  Wong, S. S. H., Lim, K. Y. L., & Lim, S. W. H. (2023). To ask better questions, teach: Learning-by-teaching enhances research question generation more than retrieval practice and concept-mapping. *Journal of Educational Psychology, 115*(6), 798–812. https://doi.org/10.1037/edu0000802

14  Chi, M. T. H., Bassok, M., Lewis, M., Reimann, P., & Glasser, R. (1989). Self-explanations: How students study and use examples in learning to solve problems. *Cognitive Science, 13*, 145–182. https://doi.org/10.1207/s15516709cog1302_1

15  Renkl, A., & Eitel, A. (2019). Self-explaining: Learning about principles and their application. In J. Dunlosky & K. A. Rawson (Eds.), *The Cambridge handbook of cognition and education* (pp. 528–549). Cambridge University Press. https://doi.org/10.1017/9781108235631.022

16  Markus, H., & Zajonc, R. B. (1985). The cognitive perspective in social psychology. In G. Lindzey & E. Aronson (Eds.), *The handbook of social psychology* (3rd ed., pp. 137–230). Random House. (p. 210).

17  Soderstrom, N. C., Clark, C. T., Halamish, V., & Bjork, E. L. (2015). Judgments of learning as memory modifiers. *Journal of Experimental Psychology: Learning, Memory, and Cognition, 41*(2), 553–558. https://doi.org/10.1037/a0038388

18  Song, M., & Park, J. *How evaluating others' performance enhances one's memory* [manuscript in preparation]. Department of Psychology, Seoul National University.

19    Song, M. (2024). *The effect of judging others' judgment upon one's own judgment* [Unpublished doctoral dissertation]. Department of Psychology, Seoul National University.

20    Metcalfe, J., Xu, J., Vuorre, M., Siegler, R., Wiliam, D., & Bjork, R. (2025). Learning from errors versus explicit instruction in preparation for a test that counts. *The British journal of educational psychology, 95*(1), 11–25. https://doi.org/10.1111/bjep.12651

21    Dennett, D. C. (2013). *직관 펌프: 생각을 열다* (노승영, 역., pp. 38-42). 동아시아.

22    Lim, J., & Park, J. (2023). Self-study enhances the learning effect of discussions. *Journal of the Learning Sciences, 32*(3), 455-476. https://doi.org/10.1080/10508406.2023.218514

23    Lim, J., & Park, J. *High school students learn as much as college students through self-study and discussion.* [manuscript in preparation]. Department of Psychology, Seoul National University.

24    Lim, J., Yang, J. W., Song, M. H., & Park, J. (2024). Self-study and discussion promote students' science learning. *Science & Education.* https://doi.org/10.1007/s11191-024-00562-8

25    Surowiecki, J. (2004). *The wisdom of crowds: Why the many are smarter than the few and how collective wisdom shapes business, economies, societies, and nations.* Anchor Books.

26    Woolley, A. W., Chabris, C. F., Pentland, A., Hashmi, N., & Malone, T. W. (2010). Evidence for a collective intelligence factor in the performance of human groups. *Science, 330*(6004), 686–688. https://doi.org/10.1126/science.1193147

27    Finlayson, D. S. (1951). The reliability of the marking of essays. *British Journal of Educational Psychology, 21*, 126–134. https://doi.org/10.1111/

j.2044-8279.1951.tb02776.x; Hunter, K., & Docherty, P. (2011). Reducing variation in the assessment of student writing. *Assessment & Evaluation in Higher Education, 36*, 109–124. https://doi.org/10.1080/02602930903215842; Bloxham, S., den-Outer, B., Hudson, J., & Price, M. (2016). Let's stop the pretence of consistent marking: Exploring the multiple limitations of assessment criteria. *Assessment & Evaluation in Higher Education, 41*(3), 466–81. https://doi.org/10.1080/02602938.2015.1024607

28  Falchikov, N., & Goldfinch, J. (2000). Student peer assessment in higher education: A meta-analysis comparing peer and teacher marks. *Review of Educational Research, 70*(3), 287–322. https://doi.org/10.3102/00346543070003287; Cho, K., Schunn, C. D., & Wilson, R. W. (2006). Validity and reliability of scaffolded peer assessment of writing from instructor and student perspectives. *Journal of Educational Psychology, 98*(4), 891–901. https://doi.org/10.1037/0022-0663.98.4.891

29  Stanovich, K. E., West, R. F., & Toplak, M. E. (2013). Myside bias, rational thinking, and intelligence. *Current Directions in Psychological Science, 22*(4), 259–264. https://doi.org/10.1177/0963721413480174

30  Hacker, D. J., Bol, L., Horgan, D. D., & Rakow, E. A. (2000). Test prediction and performance in a classroom context. *Journal of Educational Psychology, 92*(1), 160–170. https://doi.org/10.1037/0022-0663.92.1.160

31  Dunning, D. (2005). *Self-insight: Roadblocks and detours on the path to knowing thyself*. Psychology Press.

**4강**

1  Baker, W. (1974). *Reading skills* (p. 5). Prentice Hall.

2 Bransford, J. D., & Johnson, M. K. (1972). Contextual prerequisites for understanding: Some investigations of comprehension and recall. *Journal of Verbal Learning & Verbal Behavior, 11*(6), 717-726. https://doi.org/10.1016/S0022-5371(72)80006-9

3 Anderson, R. C., & Pearson, P. D. (1984). A schematheoretic view of basic processes in reading. In P. D. Pearson (Ed.), *Handbook of reading research* (pp. 255-291). Longman.

4 UNESCO. (2025). *What you need to know about literacy.* https://www.unesco.org/en/literacy/need-know

5 Gernsbacher, M. A. (1991). Cognitive processes and mechanisms in language comprehension: The structure building framework. In G. H. Bower (Ed.), *The psychology of learning and motivation* (pp. 217-263). Academic Press; Gernsbacher, M. A. (1997). Two decades of structure building. *Discourse Processes, 23*, 265-304. https://doi.org/10.1080/01638539709544994

6 McNamara, D. S., Kintsch, E., Songer, N. B., & Kintsch, W. (1996). Are good texts always better? Interactions of text coherence, background knowledge, and levels of understanding in learning from text. *Cognition and Instruction, 14*(1), 1-3. https://doi.org/10.1207/s1532690xci1401_1

7 Prinz, A., Golke, S., & Wittwer, J. (2020). How accurately can learners discriminate their comprehension of texts? A comprehensive meta-analysis on relative metacomprehension accuracy and influencing factors. *Educational Research Review, 31*, 100358. https://doi.org/10.1016/j.edurev.2020.100358

8 Kruger, J., & Dunning, D. (1999). Unskilled and unaware of it: How difficulties in recognizing one's own incompetence lead to inflated self-assessments. *Journal of Personality and Social Psychology, 77*(6), 1121-1134. https://doi.org/10.1037/0022-3514.77.6.1121

9    Speckmann, F., & Unkelbach, C. (2022). Moses illusion. In R. Pohl (Ed.), *Cognitive illusions* (3rd ed., pp. 359–370). Routledge.

10   Otero, J., & Kintsch, W. (1992). Failures to detect contradictions in a text: What readers believe versus what they read. *Psychological Science, 3*(4), 229–235. https://doi.org/10.1111/j.1467-9280.1992.tb00034.x (p. 230).

11   Nuckles, M., Roelle, J., Glogger-Frey, I., Waldeyer, J., & Renkl, A. (2020). The self-regulation view in writing-to-learn: Using journal writing to optimize cognitive load in self-regulated learning. *Educational Psychology Review, 32*, 1089–1126. https://doi.org/10.1007/s10648-020-09541-1

12   Galilei, G. (2016). *대화* (이무현, 역). 사이언스북스.

**독해의 완성: 읽기의 4단계**

1    강건일. (2020). 토마스 쿤의 상대론적 과학철학. *한겨레21*. https://h21.hani.co.kr/arti/culture/science/1399.html

**5강**

1    Chin, C., & Osborne, J. (2008). Students' questions: A potential resource for teaching and learning science. *Studies in Science Education, 44*, 1-39. https://doi.org/10.1080/03057260701828101

2    배수정, 박주용. (2016). 학습 방식과 학습 목표가 학습 후 질문과 이해도에 미치는 영향. *한국심리학회지: 인지 및 생물, 28*(3), 517-541.

3    Bugg, J. M., & McDaniel, M. A. (2012). Selective benefits of question self-generation and answering for remembering expository text. *Journal of Educational Psychology, 104*, 922–931. https://

doi.org/10.1037/a0028661; Weinstein, Y., McDermott, K. B., & Roediger, H. L. (2010). A comparison of study strategies for passages: Re-reading, answering questions, and generating questions. *Journal of Experimental Psychology: Applied, 16*, 308–316. https://doi.org/10.1037/a0020992

4    Rothe, A., Lake, B. M., & Gureckis, T. M. (2018). Do people ask good questions? *Computational Brain & Behavior, 1*, 69–89. https://doi.org/10.1007/s42113-018-0005-5

5    Rajaram, S. (2011). Collaboration both hurts and helps memory: A cognitive perspective. *Current Directions in Psychological Science, 20*(2), 76–81. https://doi.org/10.1177/0963721411403251

6    해당 질문을 비롯한 모든 질문은 2011년~2015년에 제시된 것이다.

7    Mellers, B., Ungar, L., Baron, J., Ramos, J., Gurcay, B., Fincher, K., Scott, S. E., Moore, D., Atanasov, P., Swift, S. A., Murray, T., Stone, E., & Tetlock, P. E. (2014). Psychological strategies for winning a geopolitical forecasting tournament. *Psychological Science, 25*(5), 1106–1115. https://doi.org/10.1177/0956797614524255

8    Dunbar, K. (1995). How scientists really reason: Scientific reasoning in real-world laboratories. In R. J. Sternberg & J. E. Davidson (Eds.), *The nature of insight* (pp. 365–395). The MIT Press; Dunbar, K. (1997). How scientists think: On-line creativity and conceptual change in science. In T. B. Ward, S. M. Smith, & J. Vaid (Eds.), *Creative thought: An investigation of conceptual structures and processes* (pp. 461–493). American Psychological Association. https://doi.org/10.1037/10227-017

9    Woolley, A. W., Chabris, C. F., Pentland, A., Hashmi, N., & Malone, T. W. (2010). Evidence for a collective intelligence factor in the performance of human groups. *Science, 330*(6004), 686–688. https://doi.org/10.1126/science.1193147

10  Nemeth, C. (2020). *반대의 놀라운 힘* (신솔잎, 역., pp. 6-7, 14). 청림출판.

11  Nemeth, C., & Chiles, C. (1988). Modelling courage: The role of dissent in fostering independence. *European Journal of Social Psychology, 18*(3), 275–280. https://doi.org/10.1002/ejsp.2420180306

12  TED. (2017). *How to build a company where the best ideas win | Ray Dalio* [Video]. YouTube. https://www.youtube.com/watch?v=HXbsVbFAczg&t=9s


## 6강

1  Pennebaker, J. W., & Beall, S. K. (1986). Confronting a traumatic event: Toward an understanding of inhibition and disease. *Journal of Abnormal Psychology, 95*(3), 274–281. https://doi.org/10.1037/0021-843X.95.3.274; Rude, S., Lantrip, C., Aguirre, V., & Schraegle, W. (2023). Chasing elusive expressive writing effects: Emotion-acceptance instructions and writer engagement improve outcomes. *Frontiers in Psychology, 14*, 1192595. https://doi.org/10.3389/fpsyg.2023.1192595

2  Galbraith, D., & Baaijen, V. M. (2018). The work of writing: Raiding the inarticulate. *Educational Psychologist, 53*(4), 238–257. https://doi.org/10.1080/00461520.2018.1505515

3  Vygotsky, L. S. (1962). *Thought and language.* MIT Press. (Original work published 1934).

4  Lee, S. W. F. (2010). Exploring seven- to eight-year-olds' use of self-talk strategies. *Early Child Development and Care, 181*(6), 847–856. https://doi.org/10.1080/03004430.2010.494253

5  Montague, M., Krawec, J., & Sweeney, C. (2008). Promoting self-talk to improve middle school students' mathematical problem solving. *Perspectives on Language and Literacy, 34*(2) 13–17.

6   Lupyan, G., & Swingley, D. (2012). Self-directed speech affects visual search performance. *The Quarterly Journal of Experimental Psychology, 65*(6), 1068–1085. https://doi.org/10.1080/17470218.2011.647039

7   Vicente, A., & Martinez, M. F. (2011). Inner speech: Nature and functions. *Philosophy Compass, 6*, 209–219. https://doi.org/10.1111/j.1747-9991.2010.00369.x

8   Deutsch, M., & Gerard, H. B. (1955). A study of normative and informational social influences upon individual judgment. *The Journal of Abnormal and Social Psychology, 51*(3), 629–636. https://doi.org/10.1037/h0046408

9   Bara, F., & Bonneton-Botte, N. (2018). Learning letters with the whole body: Visuomotor versus visual teaching in kindergarten. *Perceptual and Motor Skills, 125*(1), 190–207. https://doi.org/10.1177/0031512517742284; Berninger, V. W., Abbott, R. D., Jones, J., Wolf, B. J., Gould, L., Anderson-Youngstrom, M., Shimada, S., & Apel, K. (2006). Early development of language by hand: Composing, reading, listening, and speaking connections; three letter-writing modes; and fast mapping in spelling. *Developmental Neuropsychology, 29*(1), 61–92. https://doi.org/10.1207/s15326942dn2901_5; Treiman, R., & Kessler, B. (2003). The role of letter names in the acquisition of literacy. *Advances in Child Development and Behavior, 31*, 105–135. https://doi.org/10.1016/S0065-2407(03)31003-1

10  Wiley, R. W., & Rapp, B. (2021). The effects of handwriting experience on literacy learning. *Psychological Science, 32*(7), 1086–1103. https://doi.org/10.1177/0956797621993111

11  Van der Weel, F. R., & Van der Meer, L. H. (2024). Handwriting but not typewriting leads to widespread brain connectivity: A high-density EEG study with implications for the classroom. *Frontiers in Psychology, 14*. https://doi.org/10.3389/fpsyg.2023.1219945

12   Candry, S., Deconinck, J., & Eyckmans, J. (2018). Written repetition vs. oral repetition: Which is more conducive to L2 vocabulary learning? *Journal of the European Second Language Association, 2*(1), 72–82. https://doi.org/10.22599/jesla.44

13   Quitadamo, I. J., & Kurtz, M. J. (2007). Learning to improve: Using writing to increase critical thinking performance in general education biology. *CBE—Life Sciences Education, 6*(2), 140–154. https://doi.org/10.1187/cbe.06-11-0203

14   Wiley, J., & Voss, J. F. (1999). Constructing arguments from multiple sources: Tasks that promote understanding and not just memory for text. *Journal of Educational Psychology, 91*(2), 301–311. https://doi.org/10.1037/0022-0663.91.2.301

15   Zinsser, W. (2006). *On writing well: The classic guide to writing nonfiction* (p. 49). Collins. (Original work published 1976).

16   Zinsser, W. (2006). *On writing well: The classic guide to writing nonfiction* (p. 85). Collins. (Original work published 1976).

17   Zhang, S., Qian, J., Wu, C., He, D., Zhang, D., Yan, J., & He, X. (2022). Tasting more than just food: Effect of aesthetic appeal of plate patterns on food perception. *Foods, 11*(7), 931. https://doi.org/10.3390/foods11070931

18   Zellner, D., Loss, C., Zearfoss, J., & Remolina, S. (2014). It tastes as good as it looks! The effect of food presentation on liking for the flavor of food. *Appetite, 77*, 31-35. https://doi.org/10.1016/j.appet.2014.02.009

19   Santa, C. M. (1988). *Content reading including study systems: Reading, writing, and studying across the curriculum*. Kendall Hunt Publishing Company. https://files.eric.ed.gov/fulltext/ED372363.pdf

20   Nelson, J., Megill, A., & McCloskey, D. (Eds.). (1987). Rhetoric in inquiry.

In *The rhetoric of the human sciences: Language and argument in scholarship and public affairs* (pp. 3-18). The University of Wisconsin Press. (p. 3).

21  Driver, R., Newton, P., & Osborne, J. (2000). Establishing the norms of scientific argumentation in classrooms. *Science Education, 84*(3), 287–312. https://doi.org/10.1002/(SICI)1098-237X(200005)84:3<287::AIDSCE1>3.0.CO;2-A

22  Graff, G., & Birkenstein, C. (2024). *They say / I say* (6th ed.). W. W. Norton & Company.

23  Lim, J., & Park, J. (2023). Self-study enhances the learning effect of discussions. *Journal of the Learning Sciences, 32*(3), 455-476. https://doi.org/10.1080/10508406.2023.218514

24  Barrett, L. F. (2017). *감정은 어떻게 만들어지는가?* (최호영, 역., pp. 19-22). 생각연구소.

**강의실 엿보기**

1  Andersen, M. S., Gicheva, D., & Sarbaum, J. (2018). Requiring versus recommending preparation before class: Does it matter? *Southern Economic Journal, 85*(2), 616–631. https://doi.org/10.1002/soej.12281

**7강**

1  다음의 자료에서 아리스토텔레스의 『니코마코스 윤리학』 2장 1절을 의역한 것으로 알려져 있다.
Durant, W. (1926). *The story of philosophy: The lives and opinions of the world's greatest philosophers*. Simon & Schuster. http://wist.info/aristotle/

2    Paruthi, S., Brooks, L. J., D'Ambrosio, C., Hall, W. A., Kotagal, S., Lloyd, R. M., Malow, B. A., Maski, K., Nichols, C., Quan, S. F., Rosen, C. L., Troester, M. M., & Wise, M. S. (2016). Consensus statement of the American Academy of Sleep Medicine on the recommended amount of sleep for healthy children: Methodology and discussion. *Journal of Clinical Sleep Medicine, 12*(11), 1549–1561. https://doi.org/10.5664/jcsm.6288

3    Spence, C. (2017). Breakfast: The most important meal of the day? *International Journal of Gastronomy and Food Science, 8*, 1-6. https://doi.org/10.1016/j.ijgfs.2017.01.003

4    질병관리청. (2024). 국민건강영양조사 결과. https://knhanes.kdca.go.kr/knhanes/mntpcstat/ntriltkStat.do

5    Jeong, E. Y. (2019). The influence of breakfast on the academic performance of school-age adolescents: Systematic review. *Journal of Nutrition and Health, 52*(2), 119-128. https://doi.org/10.4163/jnh.2019.52.2.119

6    Kachouri, H., Fay, S., Angel, L., & Isingrini, M. (2022). Influence of current physical exercise on the relationship between aging and episodic memory and fluid intelligence. *Acta Psychologica, 227*, 103609. https://doi.org/10.1016/j.actpsy.2022.103609; Zwilling, C. E., Strang, A., Anderson, E., Jurcsisin, J., Johnson, E., Das, T., Kuchan, M. J., & Barbey, A. K. (2020). Enhanced physical and cognitive performance in active duty Airmen: Evidence from a randomized multimodal physical fitness and nutritional intervention. *Scientific Reports, 10*, 17826. https://doi.org/10.1038/s41598-020-74140-7

7    World Health Organization. (2020). *WHO guidelines on physical activity and sedentary behaviour.* https://www.who.int/publications/i/item/9789240015128

8    Yeager, D. S., Romero, C., Paunesku, D., Hulleman, C. S., Schneider,

B., Hinojosa, C., Lee, H. Y., O'Brien, J., Flint, K., Roberts, A., Trott, J., Greene, D., Walton, G. M., & Dweck, C. S. (2016). Using design thinking to improve psychological interventions: The case of the growth mindset during the transition to high school. *Journal of Educational Psychology, 108*(3), 374–391. https://doi.org/10.1037/edu0000098

9    McCrae, R. R., & Costa, P. T. (1987). Validation of the five-factor model of personality across instruments and observers. *Journal of Personality and Social Psychology, 52*(1), 81–90. https://doi.org/10.1037/0022-3514.52.1.81

10   Stanek, K. C., & Ones, D. S. (2023). Meta-analytic relations between personality and cognitive ability. *Proceedings of the National Academy of Sciences, 120*(23), e2212794120. https://doi.org/10.1073/pnas.2212794120; Anglim, J., Dunlop, P. D., Wee, S., Horwood, S., Wood, J. K., & Marty, A. (2022). Personality and intelligence: A meta-analysis. *Psychological Bulletin, 148*(5-6), 301–336. https://doi.org/10.1037/bul0000373

11   Cucina, J. M., Peyton, S. T., Su, C., & Byle, K. A. (2016). Role of mental abilities and mental tests in explaining high-school grades. *Intelligence, 54*, 90–104. https://doi.org/10.1016/j.intell.2015.11.007

12   Elliott, E. S., & Dweck, C. S. (1988). Goals: An approach to motivation and achievement. *Journal of Personality and Social Psychology, 54*, 5–12. https://doi.org/10.1037/0022-3514.54.1.5

13   박정애. (2022). 인지과제 수행 시 효과적인 시간 관리 전략 탐색 연구: 뽀모도로 기법, 그릿 발휘법과 과제 전환 전략 [박사 학위 논문, 서울대학교].

14   김찬영. (2018). 휴식 유형이 정서와 후속 과제 수행에 주는 효과 [석사 학위 논문, 서울대학교].

15   Bart, M. (2011, November 17). Students study about 15 hours a week, NSSE finds. *Faculty Focus*. https://www.facultyfocus.com/

uncategorized/students-study-about-15-hours-a-week-nsse-finds/

16 통계청. (2020). *2019년 생활시간조사 결과.* https://kostat.go.kr/synap/skin/
doc.html?fn=1d14134bd2ed11f716f4bdf2f7d155c0828c7657118d63cd
586a46007cbc9d3c&rs=/synap/preview/board/220/

17 Bunce, L., Baird, A., & Jones, S. E. (2017). The student-as-consumer
approach in higher education and its effects on academic performance.
*Studies in Higher Education, 42*(11), 1958–1978. https://doi.o
rg/10.1080/03075079.2015.1127908

18 Kahneman, D. (2011). *Thinking, fast and slow.* Farrar, Straus and Giroux.

19 Hill, F., Mammarella, I. C., Devine, A., Caviola, S., Passolunghi, M. C.,
& Szűcs, D. (2016). Maths anxiety in primary and secondary school
students: Gender differences, developmental changes and anxiety
specificity. *Learning and Individual Differences, 48*, 45–53. https://
doi.org/10.1016/j.lindif.2016.01.002

20 Barroso, C., Ganley, C. M., McGraw, A. L., Geer, E. A., Hart, S. A., &
Daucourt, M. C. (2021). A meta-analysis of the relation between math
anxiety and math achievement. *Psychological Bulletin, 147*(2), 134–168.
https://doi.org/10.1037/bul0000307

21 Gullich, A., Macnamara, B. N., & Hambrick, D. Z. (2022). What makes
a champion? Early multidisciplinary practice, not early specialization,
predicts world-class performance. *Perspectives on Psychological
Science, 17*(1), 6–29. https://doi.org/10.1177/1745691620974772

22 Project Management Institute. (2017). *A guide to the project
management body of knowledge (PMBOK guide)* (7th ed.).

23 Keller, H. (1956). *Teacher: Anne Sullivan Macy: A tribute by the foster-
child of her mind* (p. 156). Doubleday & Company, Inc.

**종강**

1   정약용. (1984). 다산시문집 제13권 (김도련, 역). *한국고전종합DB*. 한국고전번역원.

2   Elliot, A., Chirkov, V., Kim, Y., & Sheldon, K. (2001). A cross-cultural analysis of avoidance (relative to approach) personal goals. *Psychological Science, 12*(6), 505-510. https://doi.org/10.1111/1467-9280.00393

3   Davidai, S., & Gilovich, T. (2018). The ideal road not taken: The self-discrepancies involved in people's most enduring regrets. *Emotion, 18*(3), 439–452. https://doi.org/10.1037/emo0000326

4   Innocenti, S., & Cowan, R. (2019). Self-efficacy beliefs and imitation: A two-armed bandit experiment. *European Economic Review, 113*, 156-172. https://doi.org/10.1016/j.euroecorev.2018.12.009

5   김희삼. (2017). *사회자본에 대한 교육의 역할과 정책방향*. 한국개발연구원.

6   Prosperity Institute. (2023). *The Legatum Prosperity Index 2023*. https://www.prosperity.com/rankings

7   Pentland, A. (2015). *Social physics: How social networks can make us smarter*. Penguin Books.